고통
말고
보통

고통
말고
보통

황진규 지음

**일과
돈에 관한
생활철학**

멘
카르페북스

보통의 문제에 답할 수 없다면
철학 따위 개나 줘버려

대기업 직장인으로서 7년, 반 백수 글쟁이로서 4년을 버티며 알게 된 일과 돈에 관한 생활철학 이야기입니다.

철학, 말만 들어도 무엇인가 딱딱하고 현실과는 전혀 동떨어진 고담준론만을 늘어놓을 것 같은 기분이 드시겠지요? 잘 알고 있습니다. 저 역시 그랬으니까요.

"철학이란 '진리'가 아니라 건강한 삶을 추구해야 한다!"

철학자 니체의 말입니다. 철학은 진리가 아니라 삶, 그것도 건강한 삶을 추구해야 한다는 그의 이야기에 고개가 끄덕여졌습니다. 우리 일상의 문제점에 대해서 답할 수 없다면, 철학이 도대체 무슨 소용이 있을까요?

이런 맥락에서 지금 우리의 일상 중 삶에 가장 깊숙이 얽혀 있는 문제는 무엇일까요? 바로 '일'과 '돈'의 문제일 겁니다. 우리는 하루 중 압도적으로 많은 시간을 일을 하면서 보냅니다. 그렇게 일한 대가로 돈을 받지요. 그리고 돈을 소비하면서 생활합니다. 우리가 일상에서 겪고 있는 문제 중 아무리 적게 잡아도 70% 이상은 일과 돈에 관련된 문제일 겁니다. 취업 문제, 집값 문제, 직장의 문제, 인간관계의 문제 등등 우리가 처한 고민의 대부분은 결국 일과 돈이라는 문제와 맞닿아 있습니다.

그렇습니다. 건강한 삶을 추구해야 한다면, 우리 시대에는 일과 돈에 관한 이야기를 결코 우회할 수 없습니다. 어느 철학자가 '철학은 삶을 낯설게 보게 하는 도구'라고 말한 적이 있습니다. 철학에 대한 훌륭한 정의라고 생각했습니다. 우리가 삶을 건강하게 살려고 할 때, 그 출발점은 익숙했던 삶을 낯설게 보기여야만 하기 때문입니다.

일과 돈 때문에 지치고, 외롭고, 불안해하고 계신가요?
만약 그렇다면, 가장 먼저 스스로에게 질문을 던져보십시오.

"나는 일과 돈을 낯설게 본 적이 있을까?"

아마 없을 겁니다. 어린 시절부터, 일과 돈은 너무나 강하게 우리 내면에 각인되어 있기 때문입니다.

철학은 특정한 사람들만의 전유물이 아닙니다. 어려운 것도 아닙니다. 당연하다고 믿고 있었던 것을, 낯설게 보는 것 자체가 철학이니까요. 그런 면에서 우리는 이미 철학자인지도 모릅니다. 흔히 누군가에게 "너의 철학이 뭐야?"라고 묻기도 하고, 자신이 어떤 사람인지 설명하기 위해 "그게 바로 내 철학이야!"라고 말하기도 하니까요. 따라서 지금 제가 말하는 철학은 일정 정도 '세계관', '가치관', '주관' 같은 단어로 해석하셔도 좋을 것 같습니다. 그리고 저는 이러한 삶의 철학에 생활철학이라는 이름을 붙이고 싶습니다.

저는 철학을 전공한 사람도 아니고, 학위가 있는 것도 아닙니다. 그러니 제가 말하는 '생활철학'은 일종의 야매 철학이라고 보아도 좋습니다. 하지만 이것만은 분명하게 말할 수 있습니다. 지금부터 말하려는 철학은 대기업 직장인으로서 7년, 반 백수 작가로서 4년 동안 겪어온 진짜 삶의 이야기라는 것입니다. 잘나가는 대기업 직장인이었다가 평일 오후에 빈둥거리는 반 백수 글쟁이가 된 저보다 '일'과 '돈'에 대해서 절절하게 고민해본 사람도 많지는 않을 겁니다.

글쟁이로 4년을 버티면서 알게 된 사실이 하나 있습니다. 짧은 글로 한 사람의 생각이 결코 바뀌지 않는다는 것 말입니다. 하지만 한 사람의 삶이 녹아 있는 글이라면, 생각이 변화하지는 않더라도, 익숙하게 여겼던 것을 낯설게 보게 하는 역할 정도는 할 수 있지 않을까. 저는 실낱같은 희망을 가지고 여러분과 함께하고 싶습니다. 스스로를 행복하게 만들 수 있는 우리만의 '생활철학'을 바닥부터 단단하게 쌓아올릴 수 있으면 좋겠습니다. 즐겁고 유쾌한 마음으로 '생활철학'에 대해서 이제 시작해봅시다.

목차

돈 ——————— 거의 모든 불안의 근원

소비 ──────── 여기에 자유의지는 없다

나를 부정하는 일상

1 ··· 우리는
왜 일을 할까?

———— "지금 하는 일이
좋으세요?"

직장, 일 혹은 밥벌이에 관한 강연을 할 때마다 묻
는 질문이다.

"일이 그냥 일이지 뭐, 좋건 싫건 그냥 하는 거죠."
"나름 괜찮아요."
"돈만 많으면 이 꼴 저 꼴 안 보고 때려치우고 싶어요."

사람들은 이를 의미 없는 질문으로 치부하거나, 자신이 하는 일에 어
느 정도 만족하고 있거나, 자신의 일을 매우 싫어하거나에 따라 위처럼
세 가지 대답으로 반응한다.

이제 질문을 하나 해보자. 우리는 왜 일을 할까? 사실 대답은 간명하다.

"돈을 벌기 위해서."

지금 시대에 일이란 것은 돈을 버는 것 그 이상도 그 이하도 아니다. 이것이 지금 우리가 일을 하는 이유이자, 일을 대하는 태도다.

자, 위의 세 가지 반응을 다시 한 번 살펴보자. 첫 번째 반응은 당연히 돈 벌기 위해 일하는 거지, 거기에 '좋고 싫고'가 어디 있냐는 것이다. 돈에 찌들어 있는 유형이다. 이런 부류에게 자신이 좋아하는 일, 자신에게 어울리는 일, 의미 있는 일 같은 것은 관심의 대상이 아니다.

두 번째는 어떨까? '나름 괜찮다'고 말하는 이들과 조금 더 이야기를 해보면 그 만족의 진의는 이런 것이었다. '지금 하는 일이 딱히 좋지 않고 또 업무량도 많긴 하지만 그만큼 돈을 받고 있다.' 아니면 '돈은 그다지 많이 받고 있지 않지만 그만큼 일이 많지 않다.' 이 경우도 돈이 중심에 있다. 결국 지금 버는 돈보다 적은 돈을 벌게 되거나 업무량이 늘어난다면 자신의 일에 결코 만족하지 못할 테니까 말이다.

세 번째 역시 크게 다르지 않다. 일과 직장에 완전히 질려 버린 사람조차 그 일을 떠날 수 없는 것도 돈 때문이다. 그러니 일을 하면서 늘 중얼거리는 이야기가 '이놈의 직장 돈만 많으면 당장 때려치운다'인 것이다.

대부분의 사람들은 '일=돈'이란 공식에 빠져 살아간다. 위의 세 부류가 다른 것 같지만 사실은 같은 부류인 것처럼.

지금 우리 시대의 일이란 오직 돈을 벌기 위한 행위일 뿐이다.

일과 돈에 관한 철학에 관해 논하기 위해서는 이 사실을 인정하는 것부터 시작해야 한다.

——— 일 ≠ 돈

사실일까? 일은 정말 오직 돈을 벌기 위한 행위일 뿐일까? 세상 사람들의 믿음처럼, 돈벌이가 안 되는 일련의 활동은 일이 아닌 걸까? 물론 일은 돈과 결부될 수밖에 없다. 우리는 자본주의, 그것도 '돈이면 뭐든 다 돼!'라고 말하는 천박한 자본주의 체제에서 살아가고 있으니까. 돈벌이가 안 되는 일을 해서는 기본적인 생계조차 유지할 수 없다. 그러니 어찌 일이 돈과 결부되지 않을 수 있을까? 서글프지만 지금은 그런 시대다. 더군다나, 한국이다.

그렇다면 '일은 당연히 돈을 벌기 위해 하는 거야!' 혹은 '돈벌이가 안

되는 건 일이 아니야!'라는 이야기를 믿으며 살아가야 할까? 아니다. 일
=돈이라는 도식을 믿게 되면, 일을 부정할 수밖에 없다. 일을 '돈 벌기
위한 수단'으로서만 대한다면, 우리는 일을 철저하게 부정하게 될 것이
다. 일을 통해 얻을 수 있는 만족감을 일거에 제거시키기 때문이다. 일=
돈이라는 믿음은 일을 '안 할 수 있으면 안 하고 싶은 어떤 행위'로 만들
어 버린다.

사람들은 대부분 오전 9시부터 오후 6시까지 일한다. 24시간 중 최소
9시간이다. 야근은 말할 것도 없다. 이렇듯 하루 중 우리가 일하는 시간
이 차지하는 비율은 매우 압도적이다. 그런데 그 일을 부정한다면? 그건
곧 자신의 삶을 부정하게 되는 것과 크게 다르지 않다. 시간의 합이 바
로 삶이니까.

굳이 도식을 사용하자면, 일=생산적 활동이다. 모든 생산적 활동은
일이다. 생산적 활동의 결과물 혹은 부산물로 돈을 벌게 되는 것일 뿐
이다. 우리가 일을 부정했던 이유, 가급적이면 일하고 싶지 않았던 이유
는 생산적 활동의 결과물 혹은 부산물이 오로지 돈뿐이라고 생각했기
때문이다.

일은 부정의 대상이 아니다. 물론 일이란 '자아실현의 장이다' 같은,
거창하고 식상한 이야기를 하려는 것이 아니다. 다만 일을 하면서 나 자

신을 표현하기도 하고, 때로는 스스로 살아 있음을 느끼기도 하는 것에 대해 이야기하고자 하는 것이다.

나는 몇 명의 사람들과 팟캐스트 방송을 하고 있다. 이건 일이다. 게다가 게스트 섭외, 대본 작성, 녹음 장비 세팅 등 해야 하는 일이 적지 않다. 누가 시키는 것도 아니고 돈이 되는 것도 아니지만 이 또한 생산적인 활동이자 일이라 할 수 있다.

돈이 일의 부산물인 경우도 있다. 글을 쓰고 책을 내서 인세를 받는 식으로 돈을 번다. 하지만 돈을 벌기 위해 글을 쓴 적은 단 한 번도 없다. 내게 돈이란 글을 쓰는 생산적 활동의 부산물일 뿐이다.

나는 왜 글을 쓰고, 방송을 하는 걸까? 돈을 많이 벌기 위해? 아니면 지금 내가 경제적으로 여유로워서? 아니다. 행복하기 때문이다. 글을 쓰면서 자신과 대화하고, 사유의 한계를 확장해 나가는 경험은 무엇과도 바꿀 수 없는 즐거움이다. 이보다 황홀한 경험도 없다. 즉, 즐거움, 황홀함, 행복함이 일의 결과물이고, 돈은 부산물인 셈이다.

———— 자본주의가 허락하는
유일한 즐거움

　　일=돈이라는 개념에 사로잡힌 이들을 무작정 탓
할 수만은 없다. 자본주의가 돈 벌고 돈 쓰는 삶 외의 공간을 없애 버렸
기 때문이다. 이제 일을 통해 얻을 수 있는 유일한 즐거움은 '소비의 즐
거움'밖에 없다. 우리는 생산적 활동 그 자체만으로 누릴 수 있는 즐거
움을 잃어버렸다.

그런데
돈으로 누릴 수 있는 즐거움은
그리 길지 않다.

　　많은 직장인들이 원치 않은 시점에, 원치 않는 해고를 당한다. 그들은
당황한다. 그리고 절망한다. 절망의 가장 큰 이유는 자신을 무능력하고
쓸모없는 인간으로 여기게 되기 때문이다. 조금 야박하게 말하자면 이
절망감은 '돈 되는 일 외의 모든 일은 가치 없고 의미 없는 일'이라 간주
하며 살아왔던 것에 대한 대가인 셈이다.

　　이제 일의 개념을 확장해야 할 때이다.
　　자본주의가 협소하게 만들어 버린 일의 개념을 확장할 필요가 있다.

우리가 일을 하는 유일한 목적이 '돈 벌기'가 되면 삶이 피폐해질 수밖에 없다. 돈 되는 일 이외의 모든 일에 무관심해지거나 냉담해질 테니까 말이다.

우리에게 일은 많다. 그것도 소중한 일. 뒷마당에 상추를 기르는 것, 사랑하는 이를 위해 정성스런 안마를 해주는 것, 봉사활동을 하는 것, 짧은 글을 하나 쓰는 것, 아이들에게 동화책을 읽어주는 것, 이 모든 것이 다 일이다. 이런 일들이 돈 벌기보다 결코 덜 소중하지는 않을 것이다.

────── **우리는**
왜 일을 할까?

이 질문에 '돈'이 아닌, 소중하고 의미 있는 답을 하나씩 발견해야 한다. 발견하는 만큼 우리 삶은 밝고 경쾌해질 테니까. 그러려면 일의 유일한 목적이 오직 돈이라는 오래된 고정관념에서부터 벗어나야 하지 않을까?

2...　지금, 당장, 오늘을
　　　　살아야 하는 사람들에게

———— 아주 잠깐,
　　　　뻔한 이야기 하나

즐거움을 위한 일

그리고 즐거움의 부산물로서 돈을 벌게 되는 삶.

대체 어떤 일을 해야 그런 삶을 살 수 있는 걸까?

둘러보면 이런 삶을 사는 이들이 의외로 많다. 즐겁게 글을 쓰고 돈
을 버는 작가, 한껏 몰입돼 그림을 그린 뒤 돈을 버는 화가 같은 사람들
처럼 말이다. 이들은 결코 돈을 벌기 위해 글을 쓰거나 그림을 그리지
않는다. 그저 자신이 좋아하는 일을 충분히 즐긴 결과 돈을 벌게 되었
을 뿐이다.

궁극적으로 일을 하는 이유는 즐거움에 있어야 한다. 그리고 즐거움의 부산물로 돈이 '벌려야' 한다. '버는' 것이 아니라. 일의 결과물이 돈이 아니라 즐거움이 되어야 한다는 뜻이다. 일이란 것이 피할 수도 없고 피해서도 안 되는 것이라면, 적어도 즐거워야 하지 않을까?

물론 나 역시 알고 있다. 그런 최선의 삶을 사는 사람은 아주 소수일 뿐이라는 사실을 말이다. 즐겁게 일한 대가로 돈까지 벌게 되는 삶이 어디 쉬운가?

일을 할 때 즐거움이 목적이 되고 돈이 부산물이 되는 삶은, 오랜 시간 꾸준히 준비해야 가능한 삶이다. 그런데 우리는 당장 오늘을 살아야 하는 사람들이다. 아무 준비도 노력도 없이 즐겁게 일하면서 돈을 벌게 되는 삶이 눈앞에 쉽게 펼쳐질 리가 없다.

게다가 누구나 이러한 삶을 선택할 수 있는 것은 아니다. 말이 쉽지, 작가나 화가가 되겠다고 당장 내일 사표를 던질 수는 없는 노릇 아닌가? 우리 모두는 갖가지 현실적 문제들을 껴안고 살아가고 있으니까 말이다.

──── **최소한의 즐거움은
포기하지 말아요**

요즘같이 먹고살기 힘든 세상에서 즐거움을 위해 일한다는 건 사치다. 먹고살기도 힘든 세상, 일의 결과물이 돈이면 어때서? 세상이 그러한 것을. 하지만 나는 최소한의 바람이 있다.

<u>적어도 일의 결과물도, 부산물도,
모조리 돈이 되는 삶만은 피했으면 좋겠다.</u>

돈을 위해 일하는 것은 어쩔 수 없다 하더라도, 최소한 그 일의 부산물로서 약간의 즐거움조차 포기하지는 말자는 거다. 하루 최소한 8시간 이상을 해야 하는 일의 유일한 목적이 돈뿐인 삶, 조금 처량하지 않을까?

그러기 위해서는 일의 결과물과 부산물을 바꿔야 한다.
일의 결과물을 돈으로, 부산물을 즐거움으로.

이런 방법으로 보다 행복하게 일하는 친구가 있다. 그 친구는 대기업에 들어갔다. 일을 하는 유일한 이유가 오직 돈뿐, 그는 '그 4년이 지옥 같았다'고 말했다. 자신이 하는 일에 어떤 의미도, 즐거움도 없었기 때문이었다.

그리고 그는 직장을 그만두었다.

지금 그는 조그만 학원에서 강사로 일하고 있다. 급여는 줄었지만 아이를 가르치는 보람과 즐거움만으로도 충분하다고 했다. "조금 더 빨리 직장을 옮길 걸 그랬어"라고 말하며 만족해했다.

그가 다니던 대기업도, 조그만 학원도 결국 그 결과물은 '돈'이다. 하지만 지금 그는 대기업에서 결코 느낄 수 없었던, 즐거움이라는 부산물을 얻고 있다. 나름 성공적인 차선책을 선택한 셈이다.

—— 하지 않으면
견딜 수 없는, 그런 취미

또 다른 차선책이 있다. '돈을 결과물로 하는 일'과 '즐거움을 결과물로 하는 일'을 양분하는 것이다. 사람들은 흔히 전자를 '일'이라고 하고, 후자를 '취미'라고 한다. 그렇다. 취미라도 갖자는 말이다. 직장에서 돈 이외에 어떤 것도 얻을 수 없다면, 현실적인 이유들로 직장을 옮길 수 없다면, 순수한 즐거움을 얻을 수 있는 취미라도 가져야 한다.

그런데 이 차선책의 성패 여부는 취미를 대하는 태도에 달려 있다.

취미에는 두 가지가 있다. 우선은 '자유로운 취미'이다. 구속력이나 압박감이 없기 때문에 즐거움을 느끼게 되는 취미다. '반드시 해야만 하는' 일과 달리 '해도 그만 안 해도 그만'인 취미의 자유로움에서 즐거움을 느끼는 것이다. 영화 감상이나 야구 경기 관람 같은, 언제든 내 맘대로 할 수도 하지 않을 수도 있는 그런 취미. 매일 돈 버는 일에 구속당하고 압박당하며 사는 사람이 이런 취미에 즐거움을 느끼게 되는 건 당연한 일일지도 모르겠다. 누구든 숨 쉴 틈은 있어야 하니까.

다른 하나는 '진지한 취미'이다. 직장을 다닐 때 내 취미는 철학이었다. 철학 공부가 너무 좋았다. 철학에 빠져 있을 때는 시간이 어찌 가는지도 몰랐다. 한 시간 걸리는 출근길이 기다려지기도 했다. 출근길 지하철이 내가 철학 책에 온전히 몰입해 읽을 수 있는 유일한 시간이자 장소였기 때문이다. 내게 철학은 '해도 그만 안 해도 그만'인 취미가 아니라, 하지 않으면 견딜 수 없는 그런 취미였다. "요즘 자려고 누우면 천장이 당구다이처럼 보여!"라고 말하던 당구에 빠진 학창시절의 친구가 그제야 이해됐다.

어떤 취미든 없는 것보다 낫다. 하지만 '자유로운 취미'만 즐긴다면 삶은 언제나 제자리걸음이다. 괴롭기 그지없는 지금의 일을 벗어날 수 있는 가능성은 요원하다. 우리는 이미 알고 있지 않나? '자유로운 취미'의 헛헛함을. 자유로운 취미로 골프를 즐기는 사람은 주말에 골프를 칠 생각으로 월요일부터 금요일까지 버티지만, 주말이 지나가면 다시 쓸쓸함을 느낄 수밖에 없다. 다시 구속과 속박으로 점철된 직장으로 돌아가야 하기 때문이다.

하지만 '진지한 취미'를 즐기면 또 다른 가능성이 떠오르기도 한다. 취미 그 자체를 즐기는 삶을 이어 가다 보면 뜻하지 않게 돈까지 벌게 될 때도 있다. 실제로 그런 사례가 있다. 10년이 훌쩍 넘는 직장 생활을 하면서 주짓수*라는 '진지한 취미'를 즐긴 사람이 있었다. 그에게 주짓수란 즐거움을 주는 운동이었지만 일처럼 항상 진지하게 대했다. 오랜 시간 주짓수에 몰입했던 그는 결국 주짓수 체육관을 열게 되었고 관장님이 되었다. 주어진 일에 매몰되어 살아가는 평범한 직장인이라면 언감생심 꿈도 못 꿀 삶의 반전 아닌가. 취미로 돈까지 벌게 되었으니, 우리가 그리도 원하던 삶을 살고 있는 셈이다. 즐거움을 결과물로 하는 일을 하면서 그 부산물로 생계를 유지하는 바로 그 최상의 삶 말이다.

즐거움에는 '힘'이 있다.

누군가는 볼멘소리를 할지도 모른다. '직장에서 일하는 것만으로도

---

* 관절 꺾기나 조르기 등을 이용해 상대를 제압하는, 유도와 비슷한 운동.

파김치가 되는데 또 다른 일을 하라고?' 맞다. 그래서 동서고금의 지혜로운 사람들은 그리 말했나 보다. 하나를 얻기 위해서는 다른 하나를 내려놓아야 한다고. 삶은 언제나 '그럼에도 불구하고'다. 고되지 않은 삶은 없고, 사연 없는 삶도 없다. 그럼에도 불구하고 한 걸음 내딛어야 하는 것이 삶이다.

직장은 언제나 바쁘다. 자영업이라고 별반 다르지 않다. 매일 쫓기는 매출에 신경 쓰다 보면 자유로운 취미든, 진지한 취미든 시작하는 것이 만만치가 않다. 빡빡하기로 둘째가라면 서러워 할 대기업에서 7년을 일했으니 그 심정을 어찌 모를까.

하지만 너무 좌절할 필요는 없다. 삶의 반전은 가능하다. 주짓수 관장처럼 작고 소박하지만 자신만의 삶의 반전을 이뤄낸 사람은 적지 않다. 직장을 다니다가 오래 즐겼던 목공예 제작으로 밥벌이를 하는 사람도 있었고, 작은 안경점을 운영하다가 자신이 좋아하는 글쓰기로 밥벌이를 하는 사람도 있었다. 금융업에 종사하며 사회적인 활동을 하다가 언론사 대표가 된 사람도 있었다. 돈이 목적인 일로는 평범한 삶을 살기도 버겁지만, 즐거움이 목적인 일에는 상상하는 것 이상의 힘이 있다.

우리가 비범해질 수 있는 잠재력은 결국 우리가 즐겁게 할 수 있는 일 속에 있다. 이것은 세상물정 모르는 순진한 이야기도, 세상을 과도하게 낙관적으로 보는 것도 아니다. 철학자 강신주는 《철학이 필요한 시간》에서 이렇게 말했다.

> "불행한 것은 많은 사람들이 자신이 즐거워하는 것을 버리고, 주위의 평판이나 경제적 이득 때문에 노동의 길로 들어서고 있다는 점이다. 그들은 스스로 비범해질 수 있는 길을 버리고 평범한 길로 나아가고 있는 것이다."

빡빡한 생활 때문에, 여러 가지 현실적 문제들로 인해 '진지한 취미'를 시작하는 게 결코 쉽지는 않다는 건 알고 있다. 그렇지만 즐거움이 가지고 있는 '힘'을 믿어보자. 분명 전보다 훨씬 행복한 오늘을 맞이하게 될 것이다. 지금 당장 내가 무엇에 즐거움을 느끼는지 몰라도 좋다. 지금부터 찾아봐도 결코 늦지 않으니까.

내가 즐거워하는 일을 찾는 가장 쉬운 방법은 '일단 놀아보는 것'이다.

놀자.

3... 놀이 실종 시대

———— 잘 놀고들
계십니까?

"제기랄, 주말에 뭔 등산이야!"

직장 생활을 할 때였다. 새로 부임한 팀장이 단합 차원에서 주말에 등산을 가자고 한 것이다. '이번 주는 주 7일 근무다'라고 생각하며 일요일 아침 팀원들은 관악산 입구에 모였다. 아니나 다를까 팀원들은 모두 팀장 앞에서 똥 씹은 표정을 숨기기 위해 무진장 애를 써야만 했다.

나라고 다를까. 체력이 나쁜 편은 아니었건만, 그날 등산은 유독 힘이 들었다. 아직 산 중턱도 못 갔는데 숨은 턱턱 막혔고 종아리, 허벅지, 발바닥까지 아프지 않은 데가 없었다. 그렇게 꾸역꾸역 산을 오르다 우연히 고개를 들었는데 팀장의 얼굴이 보였다.

황당했다. 그렇게 행복해 보일 수가 없었다.

이마에 송골송골 맺힌 땀방울을 닦아내는 그의 모습은 빛이 날 정도로 행복해 보였다. 처음에는 그가 변태일지도 모른다고 생각했다. '팀원들이 등산하며 괴로워하는 모습을 보니 즐거운가'라는 생각이 들었으니까. 하지만 얼마 지나지 않아 그 행복한 표정의 이유를 알 수 있었다. 팀장은 산을 정말 좋아하는 사람이었던 것이다. 주말이면 전국 방방곡곡의 좋은 산이란 산은 다 찾아다니고, 심지어 휴가를 내고 히말라야를 등산했다는 이야기까지 전해 들었다. 비로소 팀장의 표정이 이해되었다. 누구든 자신이 진심으로 좋아하는 일을 할 때는 얼굴에서 빛이 날 수밖에 없다.

팀장의 이야기를 꺼낸 이유는 노동과 놀이에 대해 설명하기 위해서다. 일단, 간단하게 노동과 놀이에 대한 개념을 정리하고 가자. 노동은 '수단과 목적이 분리된 행동'이고, 놀이는 '수단과 목적이 일치되는 행동'이다. 내게 그날 등산은 노동이었고, 팀장에게는 놀이였을 것이다. 내가 등산을 한 목적은 새로 부임한 팀장에게 찍히기 싫어서였다. 그 목적을 이루기 위한 수단으로 일요일 오전에 꾸역꾸역 관악산을 올랐던 게다. 하지만 팀장은 달랐다. 그는 등산이 팀 단합이라는 목적을 이루기 위한 수단이라고 말했지만, 그건 사실이 아니었다. 그날 팀장에게 등산의 목적은 산에 오르는 것 그 자체였다. 누구보다 등산을 좋아했기에

산을 오르는 것 자체가 목적이자 수단이었던 것이다.

우리는 아침에 일어나 잠자리에 들기까지 수많은 행동을 하며 산다. 그런데 그 수많은 행동 중 노동과 놀이, 어느 것을 더 많이 하고 있을까? 아마 노동이 압도적으로 많을 것이다. 먼저 학생들의 삶을 한번 들여다보자. 아침에 일어나 학교 가서 수업을 듣고 방과 후엔 학원에서 공부하고, 밤엔 도서관에 가서 영어 공부까지, 정말 열심히 공부한다. 하지만 대부분의 학생들에게 공부는 노동이다. 공부는 그 자체가 목적이자 수단이 아니다. 그 공부는 성적을 잘 받기 위한, 혹은 좋은 직장에 취업하기 위한 수단일 뿐이다.

학교를 졸업하고 취업을 하거나 혹은 창업을 하면 상황은 달라질까? 그들은 또 하루 중에 얼마나 많은 놀이를 하며 살까? 직장인은 아침에 출근해서 늦은 밤까지 일하지만 많은 일 중 목적과 수단이 일치된 활동은 거의 없다. 그들의 보고서 작성은 돈을 벌기 위한 혹은 상사에게 인정받기 위한 수단일 뿐이다. 보고서를 쓰는 행동 자체가 수단이자 목적은 아닌 것이다.

창업을 해도 상황은 크게 달라지지 않는다. 자신이 정말 좋아하는 일을 찾은 소수의 창업자들만이 목적이자 수단인 일(놀이)을 할 뿐이다.

창업자들은 자신의 창업 이유에 대해 갖은 미사여구를 갖다 붙이지만 대부분은 결국 돈을 벌고 싶은 것이다. 그들에게 일은 그저 더 많은 돈을 벌기 위한 수단, 혹은 주위 사람들로부터 성공한 창업자라는 인정을 받기 위한 수단일 뿐이다. 우리 삶의 대부분은 불철주야 꾸역꾸역 하는 노동으로 이루어져 있을 뿐이다.

우리는 하루에 목적과 수단이 합치된 행동을 얼마나 하고 있을까? 거의 없다. 어떤 행동을 하더라도 대가나 보상을 바라고 있기 때문이다. 운동을 좋아한다고 말하는 사람들은 자신 있게 '운동은 놀이다'라고 말한다. 당황스럽기 그지없는 대답이다. 운동이 놀이라고 말하는 사람 중 많은 이들은 운동 자체를 좋아하는 것이 아니다. 운동을 통해 만들어질 멋진 몸매를 좋아하는 것이다. 그리고 멋진 몸을 만드는 수단으로서 운동할 뿐이다. 엄밀한 의미에서 그들에게 운동은 수단과 목적이 유리된 행동, 즉 노동이다. 만약 그렇지 않다면 운동을 좋아한다고 이야기하던 사람들이 두꺼운 옷을 입을 수 있는 겨울이 되면 썰물 빠지듯 체육관에서 빠져나가는 일은 발생하지 않으리라.

우리 생활 속에서 '놀이'를 찾는다는 것은 이처럼 결코 쉬운 일이 아니다.

놀이 실종 시대다.

—— "꿈은 없고요
그냥 놀고 싶습니다"

"어떻게 사는 것이 행복하게 사는 것인가?"라는
질문에 "이것이 행복한 삶이다!"라고 확신에 차서 말할 수 있는 사람은
거의 없다. 행복이란 것 자체가 다분히 주관적이고 관념적인 까닭이다.

그럼에도 불구하고 어떤 삶이 행복한 삶일까?

삶에서 놀이가 차지하는 영역만큼이 바로 행복이다. 만약 당신이 지
금 불행하다면 아마도 삶에서 놀이의 영역은 거의 없고 노동의 영역만
가득 차 있는 상태일 것이다. 쉽게 말해 '목적과 수단이 일치된 행동을
얼마나 많이 하고 사느냐?'가 곧 '얼마나 행복한 삶을 사느냐?'의 척도인
셈이다.

다시 팀장의 이야기로 돌아가 보자. 그는 고된 등산을 하면서도 얼굴
에 빛이 날 정도로 행복해 보였다. 그에게 산을 오르는 행동은 그 자체
가 목적이자 수단이어서였다. 돈을 벌기 위해 산을 오르는 것도, 사람들
에게 칭찬을 받기 위해 산을 오르는 것도 아니었다. 어느 유명한 등반가
의 말처럼 '산이 거기 있었으니 오르는 것'일 뿐이었다. 놀이란 그런 것
이다. 얼굴에 빛이 날 정도로 행복감을 주는 그런 활동 말이다.

그렇다면 팀장에게 직장은 어떤 의미였을까? 그는 직장에서 행복하

지 않았을 것이다. 직장에서의 일은 돈을 벌기 위한 수단일 뿐이었을 테니까.

그렇다면 팀장이 지금보다 더 행복해지려면 어떻게 해야 할까? 간단하다. 등산하는 시간을 늘리면 된다. 행복은 놀이의 영역을 확장해 나가는 데 있으니까. 학생들도 마찬가지다. 목적과 수단이 일치되는 놀이의 영역을 넓혀가야 한다. 취업을 위한 영어 공부 대신 소설이어도 좋고, 영화여도 좋고, 수영이어도 좋다. 어떤 목적을 달성하기 위한 수단으로서 하는 행동 말고 그 행동 자체가 목적이자 수단인 놀이를 점점 더 늘려가야 한다.

'지금은 놀이 따위를 할 때가 아니야!'라고 말하고 싶을지도 모르겠다. 그런데, 다시 생각해보자. 우리가 노동을 하는 이유는 결국 행복해지기 위해서가 아니었던가?

우리는 길을 잘못 든 것인지도 모른다. 행복을 위해, 놀이라는 길로 접어들었어야 했는데, 노동이라는 길 위에서 열심히 뛰고 있었던 건 아니었을까?

이쯤 되면 우리는 여지없이 현실적인 문제에 부딪힐 수밖에 없다.
"놀이만 하고 사는 사람이 어디 있어? 좋아하는 일을 하기 위해서 싫어하는 일도 해야 하는 거 아니야? 등산하는 게 좋다고 해서 등산만 하면 어떻게 먹고 살아? 혼자 소설책만 읽다가 취업을 못하면 누가 책임질 거야?!"

맞는 말이다. 수단과 목적이 일치되는 일만 한다면 생활의 궁핍은 피할 수 없다.

그럼에도 불구하고 삶 속에서 할 수 있는 만큼 최대한 놀이의 영역을 확장해나가야 한다. 물론 그 확장의 범위와 속도는 개인의 사정과 환경에 맞게 조절해야겠지만 말이다. 행복한 삶을 살고 싶다는 생각이 절박한 사람이라면, 여러 가지 현실적인 문제에도 불구하고 놀이의 영역을 조금 더 확장하면 될 것이다. 행복에 대한 절박함이 덜한 사람이라면, 놀이의 영역을 조금 덜 확장하면 된다. 그것은 개인이 처한 환경 그리고 결단의 문제이니 누가 무어라 말할 수 있는 것이 아니다. 자신이 선택한 삶에 대해서 책임을 지면 되는 것이다.

하지만 잊지 말자. 현실이 빡세고 척박하다 하여 놀이라는 가치를 의미 없다고 여기거나 놀이 자체를 부정해서는 안 된다. 놀이는 언제나 우리의 행복을 담보하니까 말이다. 사정이 있다고, 환경이 어렵다고, 그래서 당장 놀이의 영역을 확장할 수 없다고 해도, 행복한 삶 자체가 의미 없다고 여기지는 말자. 행복한 삶 자체를 부정하게 될 때, 행복한 삶을 살게 될 가능성은 완전히 닫히게 될 수밖에 없다. 의미 없다고 부정했던 삶에 도달하려는 사람은 없을 테니까. 삶에 이보다 더 큰 불행은 없다.

잃어버린 놀이를 찾아보자.
행복은 분명 있다. 놀이 속에.

4 · · · 잃어버린 놀이를
찾아서

―――― 놀이 감수성을
되찾는 방법

"행복하기 위해서는 놀이가 필요해요!"라고 말할
때마다 돌아오는 답변이 있다.

"저는 딱히 즐기는 놀이가 없어요."

생각해보면 당연한 일이다.

어린 시절부터 부모, 선생, 사회가 우리를 어떻게 훈육했었나?

'밥 먹으면 만화 보여줄게', '1등 하면 자전거 사줄게', '열심히 공부하
면 좋은 대학에 갈 수 있어', '열심히 일을 해야 돈을 벌 수 있어'라는 식
이었다.

"○○하면 ○○를 얻을 수 있다."

수단으로 목적을 달성한다는 측면에서 이것은 전형적인 노동의 논리다.

우리는 어린 시절부터 지금까지 목적과 수단을 분리시키는 사고방식을 교육이라는 미명하에 뼛속까지 내면화했다. 지금 우리에게 수단과 목적이 일치하는 '놀이'의 영역이 거의 남아 있지 않게 된 것은 당연한 결과다.

아직도 기억이 난다. 방과 후 만화책을 빌려 행복한 기분으로 집으로 올 때면 엄마는 한심하다는 표정으로 말했다. "맨날 돈도 안 되는 짓만 하고 있네, 공부나 해!" 구체적 경험은 각자 다르겠지만, 이렇게 순수하게 좋아했던 놀이의 영역을 잃어버리게 되었다. 더 나아가 '놀이란 부정적이고, 가급적이면 하지 말아야 할 어떤 것'으로 여기게 된 것이다.

잃어버린 놀이를 찾아야 한다. 어린 시절 흙장난, 딱지치기, 블록 만들기, 인형놀이, 친구들과의 수다처럼 아무런 대가나 보상을 바라지 않고 그저 행위 그 자체를 즐겼던 놀이를 찾아야 한다. 놀이의 감수성을 되찾아야 한다. 의무와 강압에 질식해 가고 있는 우리에게 놀이의 감수성보다 절실한 것도 없다. '인간은 낙타에서 사자로 그리고 끝내는 아이로 돌아가야' 한다는 니체의 말처럼, 순수하게 놀이를 즐겼던 아이로.

하지만 어떻게 놀이의 감수성을 복원할 수 있을까?

우리는 놀이라는 것을 너무 오래전에 잃어버렸는데.

잃어버린 감수성은 특정한 사건을 동반했을 때만 복원이 가능하다. 내게 그런 특정한 사건은 '엄마 베개 냄새'와 유재하의 노래 '가리워진 길'이었다. 가끔 부모님 집에 가면, 어머니 방에 들어가 잘 때가 있다. 거기서 엄마의 베개 냄새를 맡으면, 어린 시절 엄마와의 행복했던 기억이 떠오른다. 우연히 유재하의 '가리워진 길'을 듣게 될 때는 고민 많고 방황했던 시절의 기억이 떠오른다. 이처럼 과거의 잃어버린 감수성은 특정한 사건을 동반할 때 복원되는 것이다.

마찬가지로 잃어버렸던 놀이의 감수성을 찾기 위해서는 특정한 사건을 경험해야 한다. 특정한 사건을 능동적으로 경험하는 것이 중요하다. 놀이는 지식이나 관념의 영역에 있지 않다. 감각과 느낌의 영역에 있다. 그러니 놀이를 찾는다는 것은 책상머리에 앉아서 될 일이 아니다. 만화책도 읽어보고, 소설책도 읽어보고, 수영도 한번 해보고, 노래도 불러보고, 글도 한번 써보고, 콘서트장에도 한번 가보고, 조각도 한번 해보고, 새로운 사람도 만나봐야 한다. 그런 경험들 속에서 우리는 잃어버렸던 놀이에 대한 감각과 느낌을 조금씩 복원할 수 있을 것이다.

────── 밥벌이의 지겨움?
놀이가 주는 행복한 밥벌이의 놀라움!

여기서 잊지 말아야 할 것이 있다. 놀이의 두 가지 속성이다. 놀이의 핵심적인 두 가지 속성은 '즐거움'과 '자발성'이다.

쉽게 말해 어떤 일을 할 때 즐겁다? 그러면 그것은 놀이다. 너무 당연한 말이라고 여길지도 모르겠지만, 이 '즐거움'이란 게 너무 많이 오해되고 있다.

"직장에서 일할 때가 즐거워요."
일이 즐겁다고 말하는 사람들이 있다. 그에게 직장의 일은 놀이일까? 성급하게 판단할 수 없는 문제다. 그가 느낀 즐거움을 구체적으로 살펴보자. 업무를 하면서 느꼈던 크고 작은 성취감일 수도 있고, 새로운 업무를 할 때 느꼈던 자기 주도적인 느낌일 수도 있기 때문이다.

그런데 조금 더 세밀하고 깊이 살펴보면 그가 일을 하면서 느낀 '업무적 성취감이나 자기 주도적'이라는 즐거움은 '허상'이라는 사실을 알 수 있다. 그 즐거움의 핵심은 '월급'이다. 일하고 돈을 받으니 업무적 성취감과 함께 일을 주도적으로 한다는 만족감도 느껴지는 것이다. 즐거움의 핵심은 돈이다. 사실이지 않은가? 업무가 잘 마무리되지 않아도 월급날이 되면 기분이 좋아지고, 직장에서 남들이 시키는 일만 해야 하는 주도적이지 못한 업무를 맡게 되어도 월급이 2배로 오르면 기분은 아주 좋아질 테니까.

물론 직장의 일이 주는 즐거움이 오직 '월급' 때문인 것만은 아니다. 월급이 오르지 않아도, 놀이 같지 않아도, 일 자체가 즐거울 때가 있다. '칭찬'이 그 이유다. 일을 잘함으로써 동료와 상사로부터 인정받고 칭찬을 들을 때 느껴지는 즐거움인 것이다.

이 즐거움은 매혹적이다. '칭찬받는다'는 것은 사실 '사랑받고 있다'는 느낌과 같다. '일이 즐겁다'는 것은 '누군가에게 사랑받고 있다'는 매혹적인 느낌이 주는 착시효과일 뿐이다. 즉, 일을 하면서 느껴지는 성취감이나 주도적인 느낌은 일 자체에 대한 즐거움이 아니라 칭찬, 인정에 대한 즐거움이다.

놀이의 즐거움은 결과로서의 즐거움이 아니다. 놀이에서 느끼는 즐거움은 과정의 즐거움이다. 등산을 놀이로 삼고 있는 사람은 한 걸음씩 산을 올라가는 과정에서 즐거움을 느끼고, 조각을 놀이로 삼고 있는 사람은 조각칼로 나무를 한 움큼씩 파 나가는 과정에서 말할 수 없는 희열을 느낀다. 놀이가 주는 즐거움을 결과의 즐거움이라고 오해한다면, 하기 싫고 고된 노동을 잔뜩 하면서도 즐거움을 느끼는 자기 가학적인 변태가 되어 버릴지도 모를 일이다.

놀이에 대한 또 다른 속성은 자발성이다.

> "우선 그리고 무엇보다 중요한 것은 모든 놀이가 자발적인 행위라는 점이다. 명령에 의한 놀이는 이미 놀이가 아니다. 기껏해야 놀이의 억지 흉내일 뿐이다. (중략) 놀이는 언제고 연기될 수 있고 중지될 수도 있다. 왜냐하면 놀이는 물리적 필요가 도덕적 의무로 부과되는 것이 결코 아니기 때문이다. 놀이는 임무가 전혀 아니다."
>
> – 요한 하위징아, 《호모 루덴스》 중에서

모든 놀이는 자발적 행위이다. 의무나 임무는 놀이가 아니다. 어떤 행위가 즐거움을 주더라도 그 행위의 동기가 자발적이지 않다면 놀이가 아니다.

등산을 좋아하는 팀장 이야기를 조금 더 해보자. 어느 날 사장이 팀장에게 "자네, 내일부터 출근하지 말고 매일 아침 7시부터 12시까지는 등산을 하게"라고 명령한다면 어떻게 될까? 처음 며칠이야 좋아하는 놀이를 돈까지 받고 마음껏 할 수 있다고 좋아라 할지 모르겠다. 하지만 얼마 지나지 않아 점점 등산이 싫어질 것이다. 급기야 나중에는 등산이라면 쳐다보고 싶지도 않게 될지 모른다.

이런 사례는 많다. 일례로 운동을 너무 좋아해서 운동을 놀이처럼 즐기다 운동선수의 길로 들어선 사람들이 있다. 운동이 좋아서 운동선수가 되었지만, 막상 운동선수가 된 후 그 운동을 싫어하게 된 것이다. 왜 이런 일이 벌어질까? 감독이나 코치가 운동을 하도록 강압적으로 명령하기 시작했기 때문이다. 그때 운동은 더 이상 놀이가 아닌 것이 되고 만다. 이처럼 강압적인 명령이나 의무는 즐거운 놀이를 교살시킨다.

놀이에 자발성은 필수다. 행위의 동기가 자발적이지 않다면 놀이가 아니다. 누군가 강제하고, 의무로 준 일은 결코 놀이가 될 수 없다. 과정에서 즐거움을 느낀다 하더라도 결코 오래가지 못한다. 삶을 행복하게 해줄 수 있는 놀이는 누군가로부터 주어지는 것이 아니다. 능동적으로 자신이 찾아 나서야 한다. 이 점을 잊어서는 안 된다.

진정한 놀이를 찾고 싶다면, 능동적이고 자발적으로 삶에 뛰어들어 보자.

결과가 아니라 과정에서 즐거움을 주는 일들을 찾자. 그리고 누군가로부터 주어지는 일들에서 가급적 멀리 떨어져 능동적이고 자발적으로 삶에 뛰어들자. 즐거움과 자발성, 이 두 가지 속성에 주목하면서 여러 가지 경험들을 쌓아 나가다 보면 곧 놀이를 찾을 수 있을 것이다. 그리고 그 놀이를 놓지 않고 산다면 언젠가는 그 놀이로 생계를 유지하며 살게 될지도 모를 일이다.

나는 바로 그런 일, 놀이로 생계를 유지하는 일에 '행복한 밥벌이'라는 이름을 붙이고 싶다.

그래, 맞다. 왜 밥벌이는 놀이처럼 행복하면 안 된단 말인가!

사실은,
여전히,
꿈같은 이야기다.

그러면 조금 더 현실적인 이야기,
지금 우리 삶의 밥벌이에 대해
다시 생각해보자.

5··· 우리가 일을 하는
여러 가지 이유

───── 당연히
돈이다

우리가 일을 하는 이유는 두 번 물을 것도 없이
단연 '돈'이다. 생존에 필요한 만큼의 돈을 벌기 위해서든, 아니면 지금보
다는 조금 더 윤택하게 살기 위해서든, 그것도 아니면 많이 벌어 돈을
물 쓰듯 펑펑 쓰는 사치스러운 삶을 살고 싶어서든.

'돈', 서글프게도 바로 이것이 현재를 살아가는 대다수 사람들이 일을
하는 이유다.

하지만 오직 이 '돈' 때문에 고되고 때로는 치사스럽기까지 한 일을 계
속하는 것일까? 쉽게 판단할 문제는 아니다. 우리의 삶이, 그리고 그 삶

을 살아가는 인간이라는 존재가 그리 단순하고 간단치는 않기 때문이다.

우리가 일을 하는 이유,
무엇일까?

─────── 우리는 명예 때문에
일한다

직장을 다니면서 재미있는 경험을 한 적이 있다.
J 차장이라는 사람이 있었다. 그가 팀장으로 근무한 지 3여 년쯤 됐을
때, 인사팀이 그에게 혹할 만한 제안을 했다. 근무조건도 좋고, 급여도
더 좋은 계열사로 옮기지 않겠냐는 것이었다. 그곳은 모든 그룹사 직원
들이 옮겨 가고 싶어 할 정도로 여러 가지 면에서 좋은 회사였다. 다른
이유는 차치하더라도 연봉이 올라가니까. 그런데 놀랍게도 J 차장은 그
제안을 거절했다. 왜 그랬을까? 우리가 일하는 유일한 이유가 '돈'이었다
면 도저히 납득할 수 없는 경우다.

J 차장이 회사를 옮기지 않는 이유는, 계열사로 옮겨 가면 팀장 자리
를 내려놓고 팀원으로 일해야 한다는 조건 때문이었다. 그는 한 술자리
에서 이렇게 말했다. "내가 명함에 이 '팀장'이란 두 글자 박으려고 얼마

나 열심히 했는데, 아무리 좋은 데로 간다고 해도 다시 팀원으로 갈 수는 없지."

그렇다. J 차장에게는 '높은 연봉'보다 팀장이라는 '명예'가 더 중요했던 것이다.

비단 직장인들만 이런 것은 아니다. 우리 사회에서 경찰관이나 소방관, 군인 같은 직업은 여전히 박봉이다. 하는 일에 비해 턱없이 적은 돈을 받는 것이 사실이다. 박봉에도 불구하고 때로는 목숨마저 걸면서 자신의 일을 묵묵히 해낸다. 이것 역시 일을 하는 유일한 이유가 돈이라면 도저히 이해되지 않는 사실이다. 그들은 왜 고되고 위험한 일을 묵묵히 해 나가는 것일까?

경찰관, 소방관, 군인을 실제로 만나보면 진짜 이유를 알게 된다. 그들은 명예를 위해 일한다. 국가를 위해, 국민을 위해, 헌신하고 있다는, 그러니까 아주 가치 있고 소중한 일을 하고 있다는 명예 때문에 많은 어려움에도 불구하고 견뎌내는 것이다. 명예가 그들에게는 무엇과도 바꿀 수 없는 자부심이기에 박봉에, 위험에, 고단함에도 불구하고 자신의 일을 묵묵히 해 나가는 것이다.

모두가 돈 때문에 일하는 것은 아니다. 누군가에게는 돈보다 명예가 더 중요하기도 하다.

───── 우리는 권력 때문에
일한다

　　돈, 명예 외에 우리가 일을 하는 다른 이유는 없을
까? 있다. TV에서 흔히 보는 국회의원을 생각해보자. 어렸을 때 내가 살
던 동네에 아주 부유한 친구가 살았다. 집도 으리으리하고 그 친구 집
에 가면 한 번도 보지 못한 희한한 장난감이 즐비했다. 그런데 친구 집
이 졸지에 주저앉아 버렸다. 이유인즉슨 그 친구의 아버지가 국회의원
에 두 번 낙선했기 때문이었다. 머리가 좀 커서야 알았다. 국회의원 출마
를 하는 데 엄청난 돈이 든다는 사실을 말이다.

　　국회의원도 직업이다. 그런데 피상적으로 보면 국회의원에 출마해서
두 번이나 낙선한다는 것은 돈을 벌기 위한 직업을 가지려다가 집안을
풍비박산시켜 버린 게 아닌가. 비약하자면, 취업준비를 위해 전 재산을
탕진하는 것처럼 보이기도 한다.

　　돈을 벌기 위해 직업을 가지려다 돈을 벌기는커녕 그나마 있는 돈도
다 써 버리게 되는 이 역설을 어떻게 설명할 수 있을까? 선출직 공무원
을 하다가 한 번 낙선하고 다음 선거에서 당선된 사람의 측근으로부터
이런 이야기를 들은 적 있다. 사석에서 당선자에게 "요즘 얼굴이 너무
좋아 보이세요!"라고 인사말을 건넸단다. 그러자 그가 다음과 같이 답

했다고 한다.

"너도 한번 해봐. 당선되고 나면 세상이 다 내 것 같은데 어찌 기분이
안 좋을 수가 있냐? 일단 주변 사람들 인사하는 각도가 달라져!"

바로 권력이다.

어떤 사람은 권력욕 때문에 일을 한다. 이것은 비단 선출직 공무원,
그러니까 시의원, 국회의원, 대통령만의 이야기가 아니다. 일반 회사에
서도 마찬가지다. 대기업 부장이 되면 너 나 할 것 없이 모두 임원 승진
을 노린다. 그들 중 더 많은 돈을 벌 수 있다는 이유만으로 임원이 되려
는 사람은 거의 없다. 그렇다면 대체 무엇 때문에?

그들이 임원이 되려는 이유는 사실 더 많은 권력을 가지고 싶기 때문
이다. 눈치 볼 사람을 한 사람이라도 줄이고, 조금 더 많은 사람 위에 군
림하고 싶다는 원초적인 욕망 때문에 악착같이 임원이 되고자 한다. 기
업에서 부장과 임원은 정말 하늘과 땅 차이다. 그 당선자의 말처럼 직원
들이 인사하는 각도가 벌써 달라지니까 말이다. 어떤 사람은 일을 하는
이유가 돈이 아니라 권력 때문인 경우도 있다.

──────── **우리는 자아실현 때문에**
일한다

돈, 명예, 권력은 우리가 일을 하는 이유들이다. 이
것뿐일까? 나는 한때 잘나가던 대기업 직원이었다. 주변에서 인정도 받
았고, 해외 방방곡곡 안 가본 곳 없이 출장을 다니며 원 없이 일했다. 그
러다 모든 것을 그만두게 되었다. 지금은 글을 쓰고 강연을 하며 살고
있다. 직장을 그만두면서 안정적인 급여도 포기했고, 대기업 직원이라
는, 명예라면 명예라고 할 수 있는 것도 포기했다. 게다가 직장에서 그럭
저럭 인정도 받고 있었으니, 계속 다녔으면 승진까지 해서 직급이 주는
권력을 얻게 되었을지도 모를 일이다.

나는 왜 그런 미친 짓을 했을까? 고민은 많았지만 이유는 간단했다.

나는 '나'이고 싶었다. 돈, 명예, 권력보다 있는 그대로의 '나'로 살고 싶
었다. 아주 진부하고 식상한 표현이지만 나는 일을 하면서 자아실현을
하고 싶었고, 나를 표현하고 싶었다. 일을 하지 않을 때에도 내 스타일
대로 살고 싶었다. 누가 시키는 일이 아니라 하고 싶은 이야기를 내 스타
일대로 하며 살고 싶었다. 나에게 자아실현이라는 가치가 돈, 명예, 권력
이라는 가치보다 더 중요했다.

그래서 직장을 그만두었다.

세상을 둘러보면 이런 부류의 사람들이 적지 않다. 대부분의 예술가
들이 그렇다. 소설을 쓰고, 그림을 그리고, 영화를 만드는 사람들 중에
오직 돈을 벌기 위해 자신의 일을 하는 사람들은 드물다. 실제로도 그
들은 돈을 잘 벌지 못한다. 그럼에도 불구하고 대부분의 예술가들은 자
신이니까 할 수 있는 이야기를 하고 싶어서, 그러니까 진정한 자아실현
을 하고 싶어서 글을 쓰고, 그림을 그리고, 영화를 만드는 일을 하는 것
이다. 이들은 돈, 명예, 권력보다 자신을 자신답게 세상에 표현하는 것
을 더 중요하게 여기는 부류다. 이들에게 일을 하는 가장 큰 이유는 단
연 자아실현이다.

6... 우리는
왜 그만두지 못할까?

분명 돈, 명예, 권력, 자아실현은 우리가 일을 하는 이유들이다. 하지만 이건 모두 피상적인 이유다. 돈, 명예, 권력, 자아실현도 본질적인 이유가 아니라면, 우리는 대체 무엇 때문에 치사스럽고 고된 일을 하고 있는 것일까? 그 이유는 우리가 일을 그만두지 못하는 이유와 같을 것이다. 이제 질문을 바꿔보자.

"우리는 왜 일을

그만두지

못하는 걸까?"

우리는 명예 때문에
일하지 않는다

돈이 아니라 명예 때문에 일을 한다고 여기는 사람들이 있다. 이건 어쩌면 허영일지도 모른다. 앞서 이야기했던 J 차장의 이야기를 다시 해보자. 그는 팀장이라는 명예 때문에 더 좋은 근무 여건과 더 좋은 급여에도 불구하고 지금 자신의 자리에 머무르는 결정을 내렸다.

정말? 명예 때문에 자신의 자리를 지켰다? 아니다. 그렇게 믿고 싶을 뿐이다.

J 차장은 유능한 팀장이라고 인정받았다. 상사는 물론이고 부하 직원들까지 그를 치켜세웠다. J 차장은 팀장이라는 자리에서 사랑받고 있다고 느꼈다. 그 사랑을 직감했기에 지금의 자리를 지키고 싶은 것이었다. 말하자면, 팀장이라는 명예는 껍데기이고 그 이면에는 사람들에게 사랑받고 싶다는 욕망이 숨어 있었던 것이다.

사랑받기 위해서다.

명예를 원하는 이유는 궁극적으로 사랑받기 위해서다. '팀장'이라는 책상 위 명패는 자신이 동료들에게 사랑받을 만한 사람이란 것을 증명해주는 표식이었다. 그래서 그 명패를 지키려 한 것이다. 그는 팀장이라는 명예를 내려놓고 다른 회사 팀원으로 가게 되면, 상사들의 애정 어린 관심과 보살핌을 받지 못하고 부하 직원들의 존경 어린 눈빛이 담긴 인사도 받지 못할 것이라는 것을 직감했다. 바로 그 때문에 객관적으로 좋은 조건에도 불구하고 지금의 자리에 머물려고 한 것이다.

경찰관, 소방관, 군인도 마찬가지다. 그들이 박봉에도 불구하고 자신의 일에 헌신하는 이유는 고결한 소명을 다하고 있다는 명예 때문이 아니다. 가정해보자. 만약, 경찰관, 소방관, 군인이 사회에서 존경받거나 인정받는 직업이 아니라면 어떨까? 경찰관이나 소방관, 군인이 지나갈 때마다 사람들이 손가락질을 하는 나라에서 누가 고되고 위험한 일을 하려고 할까? 그들이 박봉에도 불구하고 불만이 없거나 혹은 적게 갖는 이유는 불특정 다수가 자신을 사랑해줄 것이란 확신이 있었기 때문인 것이다.

───── **우리는 권력 때문에**
일하지 않는다

인간은 겹겹의 가면을 쓰고 살아간다. 국회의원, 임원이 되려는 사람 중 누구도 "권력을 갖고 싶다"라고 직접적으로 이야기하지 않는다. 하지만 우리는 안다. 그들이 결국 원하는 것은 권력이라는 것을. 누구의 눈치도 보지 않고 더 나아가 누구라도 자신 앞에서 머리를 조아릴 수밖에 없는 무소불위의 권력을 갖기 위해 국회의원, 임원이 되고자 한다. 하지만 이것 역시 또 다른 가면에 불과하다. 국회의원이나 대기업 임원이 되려고 악착같이 애를 쓰는 본질적인 이유는 권력욕 때문이 아니다.

홀륭한 품성을 가진 경우가 아니라면, 권력을 원하는 사람들의 내면에는 하나의 공통점이 있다. '애정결핍'이다. 국회의원이 되면 자연스럽게 권력을 갖게 되는데 그 권력이란 게 뭘까? 세상 사람들이 자신 앞에서는 따뜻한 미소를 띠고, 자신의 좋은 점만 칭찬해주고, 자신을 한없이 배려해주는 그런 것 아닌가. 연인이 우리에게 대해주듯, 불특정 다수가 자신에게 해주기를 원하는 것이 바로 권력욕의 본질이다. 대부분의 사람들은 언제나 권력을 가진 사람에게 잘 보이기 위해 갖은 애를 쓰니까 말이다.

사랑받고 싶은 욕구가 강한 사람에게 권력만큼 확실하고 매혹적인 수단도 없다. 속으로 어떤지는 모르겠으나, 겉으로는 세상 사람들이 분명 자신을 사랑해주는 척이라도 할 테니까 말이다. 대기업에서 임원이 되기 위해 갖은 애를 쓰는 사람의 면면을 살펴보면 하나의 공통점이 있다. 대체로 가정생활이 원만치 못하다는 것이다. 배우자와 함께 여행을 간 적은 고사하고, 서로 오붓하게 마주 앉아 서로의 고민에 대해 진지하게 이야기를 해본 적도 없다. 또 자녀들과는 대화를 한 지가 너무 오래돼 자녀들과 함께 앉아 있는 것도 어색한 사이가 된 사람들이 대부분이다.

그런 사람들은 임원에 목숨을 걸 수밖에 없다. 직감하는 것이다. 내가 사랑을 받을 수 있는 공간은 이제 직장뿐이라는 걸. 그들은 집에서 외롭다. 가족들과 함께 있는 주말에도 자신은 소외된 것 같아 외롭고 헛헛한 감정을 지울 수 없다. 하지만 다음 날 직장에 오면 활기가 넘친다. 부하 직원인 대리, 과장, 부장은 모두 자신에게 따뜻한 미소를 지으며 안부를 묻고 온갖 관심을 보여주기 때문이다. 그때 임원에 목숨을 거는 사람들은 무의식적으로 직감하는 것이다. 승진만 할 수 있다면, 그래서 조금 더 많은 권력을 가질 수만 있다면, 이 사랑받고 있다는 느낌을 더 확실히, 더 오래 유지할 수 있다는 사실을.

우리는 권력 때문에 일하지 않는다. 그저 조금 더 많은 사람들에게 조금 더 많은 사랑을 받고 있다는 느낌을 얻기 위해서 일할 뿐이다. 일을 그만두지 못하는 이유도 결국은 누군가에게 사랑받지 못할 것이 두려워서이다. 권력을 얻을 수만 있다면, 지금보다 더 많이 사랑받는 사람이 될 수 있을 것만 같다.

이런 권력의 맥락에서 우리가 왜 돈을 벌고 싶어 하는지도 읽어낼 수 있다. 어느 정도 먹고 살 정도의 돈이 있거나 혹은 그 정도의 돈을 벌고 있는 사람들도 언제나 돈, 돈, 돈 거리며 돈을 더 벌려고 안달인 세상이다.

어쩌면 우리가 돈을 벌고 싶은 이유는 돈이 주는 편리함 때문이 아닐지도 모른다. 돈이라는 하나의 권력을 얻어서 사람들에게 사랑받고 싶은 것은 아닐까? 자본주의 사회에서는 돈이야말로 가장 확실한 권력의 상징이니까. 그래서 우리는 지금 하는 일을 그만두지 못한다. 직장인, 사업가, 정치인 전부 마찬가지다. 친구, 가족 혹은 주위 불특정 다수의 사람들에게 사랑을 받기 위해서다.

──── 우리는 자아실현 때문에 일하지 않는다

나는 자아실현을 위해 직장을 그만두었다. '나'로 살고 싶어서 돈, 명예, 권력을 포기했다. 그런데 자아실현이라는 가치가 돈, 명예, 권력이라는 가치보다 고결한 걸까? 아니다. 자아실현도 별반 다르지 않다. 결국 누군가에게 사랑받고 싶다는 욕망의 발현일 뿐이다.

지금 나는 일을 통해 자아실현을 하며 살고 있다. 하지만 정직하게 돌아보면 내가 자아실현을 하고 싶었던 이유 역시 사람들에게 사랑받고 싶어서였다. 물론 직장인이었을 때와 지금의 차이가 있다면, 직장인이었을 때는 내가 아닌 모습으로 상사와 사장에게 사랑받고자 했던 것이고, 지금은 있는 그대로의 내 모습으로 누군가에게 사랑받고자 한다는 것 정도의 차이가 있을 뿐이다. 어찌 되었든 자아실현의 그 내밀하고 깊은 곳에서도 결국 누군가에게 사랑받고 싶다는 욕망이 숨어 있을 수밖에 없다.

한때 돈, 권력, 명예를 위한 일은 천박한 것으로, 자아실현을 위한 일은 고결한 것이라고 생각했던 적이 있다. 하지만 돈, 명예, 권력을 바라는 것과 자아실현을 바라는 것은 다르지 않다. 누군가에게 사랑받기 위해 하는 일련의 행동들이라는 점에서 이 둘은 정확히 같다.

많은 예술가들 역시 마찬가지다. 많은 예술가들의 절절한 고뇌는, 누군가 자신의 작품을 알아봐줬으면 좋겠다는 바람에서 시작된다. 그들이 좌절할 때는, 누구도 자신의 작품에 관심을 가져주지 않는다는 현실을 자각하게 될 때다. 예술가들은 자신이 원하는 일을 자신이 원하는 방식으로 해내고 있지만, 누구에게도 사랑받고 있지 못하다는 느낌이 들 때 아파한다. 아무도 읽지 않는 시를 쓰는 시인의 고뇌, 아무도 관심을 가지지 않는 작품을 조각하는 조각가의 고뇌는 모두 누군가에게 사랑받지 못하고 있다는 서글픔에서 기인한다.

───── 사랑,
당신이 결코 사직서를 던질 수 없는 이유

어떤 이는 돈 때문에, 어떤 이는 명예 때문에, 어떤 이는 권력 때문에, 또 어떤 이는 자아실현 때문에 지금 하는 일을 그만두지 못한다고 믿고 있다. 하지만 돈, 명예, 권력, 자아실현은 '사랑받고 싶다'는 본질적 욕망이 피상적으로 발현된 하나의 양태들일 뿐이다. 우리가 일을 그만두지 못하는 이유는 결국 누군가에게 사랑받기 위해서다. 인간은 누군가에게 사랑을 받고 싶다는 욕망에서 자유로울 수 없는 존재다.

우리는 사랑받기 위해 일한다. 마찬가지로 고되고 치사스런 직장에서 일하면서도 사직서를 내던지지 못하는 건, 결국 사랑받지 못할 존재가 되는 것이 두려워서다.

마찬가지로 나 또한 경험한 적이 있다. 직장을 그만둘 때, 나를 마지막까지 힘들게 했던 것은 돈도, 명예도, 권력도, 자아실현도 아니었다. 다름 아닌 사랑이었다. 친구, 부모, 아내까지 대기업 직원인 '황진규'는 사랑해주고 있지만, 백수인 '황진규'는 아무도 사랑해주지 않으면 어쩌나 하는 걱정에 매일같이 시달렸다. 그 때문에 몇 년간 사직서 문턱에서 수도 없이 돌아서야만 했다. 세상 사람들은 일이 돈, 명예, 권력, 자아실현에 결부된 것이라 믿고 있지만, 오해다. 일은 본질적으로 사랑과 깊이 연루되어 있는 문제다.

───── '자아실현의 욕망'과
'사랑받고 싶다는 욕망' 사이

우리는 사랑받기 위해 일하고, 사랑받기 위해 일을 그만두지 못한다. 이러한 진실에 직면하면 우리는 하나의 세속적 질문에 답할 수 있다.

"왜 직업 선택의 기준에서 돈, 권력, 명예보다 자아실현은 뒤로 밀릴 수밖에 없는가?"

대답은 어렵지 않다. 돈과 권력, 명예가 있다면 비교적 쉽게 사랑받을 수 있지만 자아실현으로 사랑받기는 쉽지 않기 때문이다. 자아실현 역시 사랑받고 싶다는 욕망에 충실한 것이지만, 우리가 사는 현실에서 직업적 자아실현으로 누군가에게 사랑받기는 녹록치 않다. 자아실현이 뭔가? 있는 그대로의 자신을 긍정하며 표현하는 것 아닌가? 그런데 세상은 우리에게 무엇을 요구했던가? 같은 생각을 하고 시키는 것만 충실히 하는 기성품이 되기를 원하지 않았던가?

그렇기 때문에 세상은 자아실현을 위해 일하려는 사람을 외면하고 무시하며 천대한다. '네가 하고 싶은 것만 하고 살 수는 없어!'라고 말하면서. 현실이 그렇지 않은가? 돈, 권력, 명예가 있다면 불특정 다수에게 비교적 쉽게 사랑을 받을 수 있다. 하지만 자아실현은 다르다. 일로써 자아실현을 한다고 해도 아주 소수의 사람에게만 사랑받을 수 있을 뿐이다. 재벌, 국회의원, 임원을 부러워하고 좋아하는 사람들과 심오한 작품을 창조하는 예술가나 깊은 사유를 표현하는 철학자를 부러워하고 좋아하는 사람의 비율을 따져보면 어렵지 않게 알 수 있다.

사람들은 돈, 권력과 명예는 중요한 것, 자아실현은 순진한 것이라 믿고 있다. 그런데 일하면서 돈, 권력, 명예만을 좇았던 삶 끝에 행복이란 것이 과연 존재할지는 의문이다.

사랑받기 위해, 나답게 살 수 있는 자아실현 따위는 어찌 되어도 상관없다고 생각하는 삶은 불행하다. 나는 없고 오직 다른 사람의 시선에만 휘둘려 사는 인생을 행복하다 말할 수 없는 까닭이다. 진짜 자신의 모습은 뒷전으로 밀어 둔 채, 불편한 옷을 입은 것 같은 느낌으로 억지스럽게 부자, 국회의원, 경찰관이 되려는 사람이 나는 전혀 행복해 보이지 않는다.

인간은 있는 그대로의 자신을 긍정하지 않고서는 행복할 수 없는 존재다. 동시에 인간은 타인에게 사랑받고자 하는 욕망에서 완전히 벗어날 수도 없는 존재다. 이것이 바로 일에 관한 고민의 본질이자 핵심이다. 쉽게 사랑받기 위해 돈, 명예, 권력을 좇지만 그 끝에는 결국 자신을 잃게 되는 것.

그렇다면 행복한 밥벌이는
'자아실현의 욕망'과 '사랑받고 싶다는 욕망'
둘 사이의 균형에서 찾을 수 있는 것은 아닐까?

돈, 권력, 명예, 자아실현 중 어떤 가치를 얼마나 선택해서 '사랑받고 싶다'는 욕망을 채워 나갈 것인지 결정하는 것이 중요하다. 바로 그 선택과 결정이 일을 하면서 얼마나 행복할 수 있는지를 결정하게 될 테니까. 돈을 좇아 일하든지, 명예, 권력을 좇아 일하든지, 자아실현을 좇아 일하든지, 그건 분명 자신의 몫이다. 이제 스스로에게 물을 차례다.

나는 일을 하면서 돈, 권력, 명예, 자아실현 중 어떤 가치로 사람들에게 사랑받고 싶은가?

7 ··· 불행한 밥벌이,
나를 부정하고 사랑받은 대가

─────── 직장인 생활백서
생존하거나 혹은 질식하거나

소설가 김훈이 언젠가 '밥벌이의 지겨움'에 관한
이야기를 한 적이 있다. 직장 생활에 지쳐 갈 때쯤 '그래, 밥벌이는 원래
지겨운 거야'라고 되뇌며 버텨냈다.

1997년 IMF 외환위기 이후 직장인들은 연말이 되면, 아니 이제는 상
시로 서슬 퍼런 정리해고의 칼날 앞에서 불안에 떨어야 했다. 그뿐인
가? 대기업의 무차별적인 골목시장 진입으로 정을 나누던 동네 상점은
하나둘 문을 닫아야만 했다. 그렇게 서민들은 대자본의 무차별 공세 앞
에 어쩔 수 없이 자신의 밥벌이를 내려놓아야만 했다. 생존이라는 문제

앞에서 밥벌이의 지겨움은 사치일 뿐이다.

우리 시대 대다수의 밥벌이는 척박하기 그지없다. 많은 사람들이 생존을 위해 일하고 있다. 그나마 성실하고 유능해서 생존의 걱정 없이 밥벌이를 할 수 있는 사람이 있다고 해도 밥벌이가 만족스럽지 못한 것은 마찬가지다. 그들 역시 매일 반복되는 일상에 질식해가고 있다. 김훈의 말처럼 '밥벌이의 지겨움'에 찌들어가고 있는 것이다.

우리 시대의 밥벌이는
'생존'이거나 '질식'이거나
둘 중 하나다.

이쯤 되면 의구심이 든다. '생존을 위한 밥벌이' 혹은 '질식할 수밖에 없는 밥벌이' 이외 다른 형태의 밥벌이는 불가능한 걸까? '행복한 밥벌이'는 정말 가능하지 않은 걸까? 행복한 밥벌이가 가능한지 아닌지를 묻기 전에 우선 행복한 밥벌이가 무엇인지부터 생각해보는 것이 순서겠다. 대체로 밥벌이를 생존의 문제 혹은 지겨움의 문제 이상으로 고민해본 적이 없으니까 말이다.

─────── 행복한
밥벌이?

우리는 '행복한 밥벌이'가 무엇인지 앞서 이야기한
바 있다. '내가 원하는 일을 하면서 생계를 유지하는 것.' 그런데 앞서 말
했듯 이 '행복한 밥벌이'가 쉽지 않다. 엄존하는 삶의 조건 속에서 '하고
싶은 일을 하며 생계를 유지하는 것'이 어디 쉬운 일이던가? 그러니 조
금 더 현실적인 관점에서 행복한 밥벌이를 재정의해야 할 필요가 있다.

> 행복한 밥벌이: '자아실현의 욕망'과 '사랑받고
> 싶다는 욕망' 사이의 균형점에 있는 일.

이걸 조금 더 쉽게 풀어보자. 자아실현이란 것은 말 그대로 자아를
실현하는 것이다. 자신의 모습을 있는 그대로 긍정하면서 사는 것이 자
아실현이다. 그러니까 일을 하면서 자아실현을 한다는 말은 자신이 원
하는 일을 원하는 방식으로 할 수 있음을 뜻한다. 바로 여기에 우리가
행복한 밥벌이를 할 수 없는 심각한 문제가 하나 도사리고 있다. 그것은
내가 원하는 일을 원하는 방식으로 할 때, 그러니까 일을 하면서 자아
실현을 할 때 사람들에게 사랑받기가 매우 힘들어진다는 사실이다.

누군가 원하는 일을 원하는 방식으로 하려고 했을 때, 세상 사람들

은 어떤 반응을 보일까? 대체로 걱정하는 모습이거나, 한심하다는 듯한 반응을 보일 것이다. 세상은 있는 그대로의 자신을 긍정하고 관철해나 가려는 사람을 좀처럼 사랑해주지 않는다. 직장을 그만두고 영화감독 이 되겠다는 직장인을 응원하고 격려해주는 사람이 세상에 몇이나 있 을까? 잘나가는 IT 업체 CEO가 귀농을 하겠다고 했을 때, 얼마나 많은 사람들이 그를 응원하고 격려해줄까? 모를 일이다.

영화감독이 되기 위해 사표를 던진 직장인, 억대 연봉을 뿌리치고 귀 농을 한 CEO는 분명 자아실현을 했다. 자신의 있는 그대로를 표현할 수 있는 밥벌이를 찾은 셈이다. 하지만 행복한 밥벌이의 정의에 비춰봤 을 때, 누구도 그들을 사랑해주지 않는다면 그들에게 영화감독과 농사 는 결코 행복한 밥벌이가 아닌 셈이다. 자아실현만으로 행복한 밥벌이 는 요원하다. 영화감독과 귀농이 행복한 밥벌이가 되려면 그 일을 통해 누군가에게 사랑받을 수 있어야 한다.

―――― 사랑이
밥 먹여주냐

불쑥 짜증스러운 질문이 올라온다.

"사랑이 밥 먹여주냐?"

행복한 밥벌이란 결국 원하는 일을 하며 생계를 유지하는 일 아닌가? 자아실현도 좋고, 사랑받고 싶은 것도 다 좋다. 그런데 생계의 문제에 답할 수 없다면, 그저 뜬구름 잡는 소리일 뿐이다. 그렇다. 원하는 일을 하면 자아실현이야 되겠지만, 생계를 유지할 수 없을지도 모른다. 직장을 때려치운 영화감독, CEO를 그만둔 귀농인은 자아실현이야 했겠지만, 심각한 생계의 문제에 봉착할 수도 있다. 누군가에게 사랑받는다고 해서 밥이 나오거나 쌀이 나오지는 않는 것 아닌가.

하지만 놀랍게도 자신이 하는 일로 누군가에게 사랑(인정, 칭찬)받을수 있다면, 돈뿐만 아니라 심지어 명예, 권력까지도 얻을 수 있게 된다. 정말이다. 생각해보자. 동료, 상사, 사장에게 사랑받는 사람이 직장에서 잘려서 돈을 못 버는 경우가 발생할까? 사람들에게 사랑받는 소방관이 직위 해제되어 명예가 실추되는 경우가 있을까? 국민의 사랑을 한 몸에 받는 대통령이 권력을 잃게 되는 경우가 있을까? 그런 일은 결코 일어나지 않는다. 무슨 일을 하든지 사람들에게 사랑받을 수만 있다면, 돈, 명예, 권력을 다 가질 수 있다. 그러니 생계를 유지하는 밥벌이 문제쯤은 누군가에게 사랑받을 수 있다면 우습게 해결된다.

우리는 얼마든지 사랑받을 수 있다. 자신의 진짜 모습을 숨기거나 부정하면서 살아가면 손쉽게 세상 사람들에게 사랑을 받을 수 있다. 그 사랑으로 돈도, 명예도, 권력도 가질 수 있다. 물론 돈, 명예, 권력의 크기는 각자의 선·후천적 능력에 따라 달라지겠지만 말이다. 어쨌든 자신이 원하는 삶이 아니라 철저하게 타인이 원하는 삶을 살게 될 때, 비교적 손쉽게 사랑받는 존재가 될 수 있다. 그리고 사랑의 대가로 일정 정도의 돈, 명예, 권력을 가질 수 있게 된다.

어떤 직장인이 있다. 하기 싫은 업무지만 매번 꼼꼼하게 처리하고, 꼴도 보기 싫은 상사에게 따뜻한 미소를 지으며 살갑게 안부를 묻는다. 그럼 상사와 사장에게 사랑받을 수 있다. 매일 정복을 입고 3교대 업무를 해야 하는 틀에 박힌 삶이 싫은 소방관이 있다고 해보자. 자신을 숨기거나 부정하면서 충실하게 자신의 업무를 수행했을 때, 그 소방관은 사람들에게 사랑받을 수 있다. 대통령도 마찬가지다. 약자에 대한 감수성과 국민들에 대한 애정이 전혀 없는 사람일지라도 그런 모습을 억지스럽게 꾸밀 수만 있다면 얼마든지 사랑받는 대통령이 될 수 있는 것이다. 그 사랑의 대가로 돈, 명예, 권력을 얻을 수 있다.

자신의 진짜 모습을 숨기거나 부정하면서 돈도 벌고, 명예도 얻고, 권력도 가지게 된 것이다. 그들은 행복할까? 행복한 밥벌이를 하고 있다고 말할 수 있을까? 단연코 아닐 게다. 행복한 밥벌이는 고사하고 그 직장인, 소방관, 대통령의 삶은 불행하기 짝이 없을 것이다. 직장인은 가슴속에 담아 둔 꿈을 이루지 못해 늘 우울할 것이고, 소방관은 불편하기 짝이 없는 정복 때문에 답답할 것이고, 대통령은 관심도 없는 국민을 걱정하는 척, 악어의 눈물까지 흘리느라 자괴감을 느낄지도 모를 일이다.

——— 내가 '나'로 살 수 없을 때 행복한 밥벌이는 없다

이쯤 되면, 행복한 밥벌이가 왜 그리도 드물고 힘든 것인지 그 이유를 알 수 있다. 있는 그대로의 자신의 모습을 내보이면서 세상 사람들에게 사랑받기 쉽지 않기 때문이다. 어느 직장인에게 하고 싶지 않은 업무가 주어졌을 때, '그 일은 하기 싫어요!'라고 말하면 어떻게 될까? 꼴도 보기 싫은 팀장을 아침마다 무시할 때 어떻게 될까? 상사와 사장에게 더 이상 사랑받을 수 없는 존재가 되고 말 것이다.

자유로운 삶을 살고 싶은 소방관이 반바지를 입고 출근하면서 3교대를 거부할 때, 그는 더 이상 사랑받는 소방관이 될 수 없다. 마찬가지로

'너희들 힘든 것은 알겠는데, 나도 힘드니까 이제 좀 그만 징징대!'라고 국민에게 말하는 대통령은 더 이상 국민들의 사랑을 받을 수 없다. 그리고 우리는 알고 있다. 사랑받지 못함의 결말은 결국 내 밥벌이의 치명적 위협이란 걸. 어찌 보면, 일을 하며 진짜 자신의 모습을 내보인다는 것, 그러니까 일을 하며 자아실현을 원한다는 건 자기 발로 자신의 밥그릇을 차 버리는 것과 별반 다르지 않다.

행복한 밥벌이를 하지 못하는 이유는 명확하다. 그것은 세상 사람들에게 더 많은 사랑을 받지 못해서가 아니다. 평범한 직장인은 대체로 상사와 사장에게, 평범한 소방관은 주어진 틀 안에서, 평범한 대통령은 자신의 역할 안에서, 사랑받을 만한 행동을 한다. 우리가 행복한 밥벌이를 하지 못하는 진짜 이유는 '자아실현의 욕망'을 등한시했기 때문이다. 자신의 내면에 있는 순수한 욕망을 긍정하지 못한 채, 세상 사람에게 사랑받으려고 했기 때문에 밥벌이는 늘 고되고 치사스러운, 그래서 가능하면 하고 싶지 않은 일이 되어 버린 것이다. 돌아보면 참 서글픈 일이다.

8 ... 행복한 밥벌이,
가능할까?

—— 꼴리는 대로
살 수 있는 용기

이런저런 여러 가지 현실적인 문제에도 불구하고 누군가 내게 "행복한 밥벌이는 가능한가?"라고 묻는다면 나는 대답할 수 있다.

"가능하다."

단, 돈, 명예, 권력을 통해 '사랑받고 싶다는 욕망'을 적절히 통제할 수 있다는 전제하에서, 다른 누구와도 구별되는 자신만의 욕망을 긍정하고 그에 부합하는 자신의 삶을 살 수 있다면 가능하다. 물론 적절한 균형은 필요하다. '자아실현의 욕망'에만 너무 집중한 나머지 '사랑받고 싶다는 욕망'이 과하게 결핍될 수 있기 때문이다. 거칠게 말해서 '내 꼴리는 대로만 살다가는 세상 사람들에게 왕따를 당할 수 있다'는 뜻이다.

평소 쓰레기 같은 인간이라고 생각했던 사장에게 '당신은 정말 쓰레기 같아요, 그렇게 살지 마세요!'라는 말로 아침 인사를 대신하면 어찌 될까? 산티아고 길을 걷는 것이 꿈인 소방관이 긴급 출동 명령을 거부하고 다음 날 스페인으로 여행을 떠나 버린다면 어찌 될까? 국민들에 대한 아픔보다 자신에 대한 아픔이 더 절절한 대통령이 어느 날 담화를 통해 '먹고살기 힘들다고 징징대지 말고 각자 먹고살 건 알아서들 좀 해!'라고 말하면 어찌 될까?

직장인의 경우 하루아침에 직장에서 쫓겨날지도 모른다. 소방관은 십중팔구 스페인에서 돌아온 뒤 다른 일자리를 알아봐야 할 것이다. 대통령은 다음 날 끝도 없이 곤두박질치는 지지율을 지켜보아야 할 것이고 최악의 경우 어느 불운했던 대통령처럼 탄핵이 될지도 모를 일이다. 이처럼 '자아실현의 욕망'에 과도하게 집중하면 '사랑받고자 하는 욕망'을 전혀 채울 수 없게 된다. 달리 말해 기본적인 밥벌이마저 치명적 위협을 당할 수 있다는 의미다. 그래서 행복한 밥벌이는 '자아실현의 욕망과 사랑받고 싶다는 욕망 사이의 균형점에 있는 일'인 것이다.

물론 '자아실현의 욕망'과 '사랑받고자 하는 욕망' 사이의 균형을 일괄적으로 규정할 수는 없다. 그 균형점은 각자가 처한 현실적 상황에 따라 다를 수 있기 때문이다. 직장인을 예를 들어보자. 어떤 직장인은 자기 꼴리는 대로 살다가 직장에서 잘리고 인관관계에도 많은 문제가 생겼다. 또 어떤 이는 늘 다른 사람이 요구하고 기대하는 삶을 산 대가로 직장도 오래 다니고 원만한 인관관계를 유지했지만 자아실현의 욕망과 현실 간의 괴리로 항상 불행해했다.

우리는 이 양극단의 삶에서 각자가 처한 상황에 알맞도록 균형을 잡아야 한다.

행복한 밥벌이는 자신이 원하는 삶을 살면서 사랑받을 수 있을 때 가능하다. 어떤 이들은 그런 삶은 애초에 불가능하다고 말하기도 한다. 이들은 사랑받는 것은 모르겠고, 밥벌이라도 제대로 하려면 언제나 자신의 욕망을 철저히 숨기며 살아야 한다고 말한다. 그런데 자기가 원하는 삶을 사는 동시에 사랑받는 삶이 불가능할 것 같지만 사실은 그렇지도 않다. 세상 모든 사람들에게 사랑을 받으려는 유아적인 태도만 극복하면 얼마든지 가능하다.

지금 당장 서점으로 가보시라. 서점 구석 한편에는 듣도 보도 못한 소설책을 쓰는 작가들이 있다. 그 작가의 이름이나 책의 이름을 포털 사이트에서 검색해보자. 어딘가에는 그 소설을, 그 작가를 사랑해주는 사람들이 있다. 자기가 원하는 삶을 오랜 시간 유지하면 만들어지는 게 있다. 세상 사람들은 그걸 '개성', '독창성' 혹은 '스타일'이라고 말한다. 그리고 운이 좋으면 많은 사람이, 운이 없다면 소수의 사람이 그 개성 혹은 스타일에 관심을 보이게 된다. 소위 말하는 '팬'이 생기는 것이다. 있는 그대로의 내 모습을 사랑해주는 팬 말이다. 그렇게 자신이 원하는 삶을 살면서 사람들의 사랑을 받게 되는 것, 그것이 바로 행복한 밥벌이인 셈이다.

노골적으로 말하자. 나는 행복한 밥벌이가 '자기 꼴리는 대로 살 수 있는 용기'에 달려 있다고 생각하는 부류다. 인간은 기본적으로 자기가 원하는 것을 할 때 행복을 느끼는 존재다. 그러니 행복한 밥벌이의 출발점은 '사랑받고 싶은 욕망'이 아니라 '자신이 원하는 삶을 살아낼 용기'일 수밖에 없다. 나도 안다. 그런 삶이 쉽지 않다는 거. 그래서 그 용기에 '자기 꼴리는 대로 살 수 있는'이라는 펄떡거리는 수식어를 붙이고 싶은 것이다.

─────── 돈은
어쩔 건데?

마지막까지 하나가 걸린다. "돈? 돈은 어떻게 할 건데!"라는 질문을 우회할 수 없다. 더럽고 치사해도 말 한 마디 못 하며 살 수밖에 없는 이유도, 가슴속에 푸른 꿈 하나를 꺼내 놓지 못하는 이유도, 모두 돈이 없어서다. 최소한의 생계에 위협을 받으면 어쩌나 하는 불안감 때문이다. 그래, 맞다. 자신이 원하는 대로 살고 싶지 않은 사람이 어디 있을까. 우리가 언제나 타인의 기대에 맞추며 살 수밖에 없는 것은 그놈의 돈 때문이다. 명예나 권력은 없어도 살 수 있지만 돈이 없는 것은 지금 당장의 생존을 위협하는 문제니까.

정말 잘 알고 있다. 나 역시 돈이 없기 때문이다. 일 년에 한두 권 책을 써서 버는 인세는 기껏 해봐야 한 달 생활비면 끝이고, 강연은 언제 들어올지 모르니 불안정하기 짝이 없다. 내 경험에 비춰 봐도 자신이 꼴리는 대로 살면 대체로 생활은 팍팍해진다.

'자아실현의 욕망'과 '사랑받고자 하는 욕망' 사이의 균형은 여기에서도 중요하다. 그림을 그리는 것으로 밥벌이를 하고 싶어 하는 직장인이 있다. 그가 당장 직장을 그만두고 그림을 그려서 밥벌이를 하는 것은 현실적으로 힘들다. 게다가 건사해야 할 가족까지 있다면 더더욱.

나는 그에게 무작정 "자아실현의 욕망을 충족하기 위해 직장을 때려치워!"라고 말할 수 없을 것 같다. 현실은 현실이니까. 하지만 현실의 벽이 높다고 해서 지금의 자리에 영원히 머물러야 하는 것은 아니다. 또 그 현실의 벽이 지금의 불행한 밥벌이에 계속 머물러도 되는 면죄부가 되는 것은 더더욱 아니다.

당장 그림만 그리며 밥벌이를 할 수는 없다. 하지만 꿈꾸는 삶을 위한 변화는 당장 시작할 수 있다. 직장을 옮기든지 아니면 그림을 그리면서 생계를 유지할 수 있는 아르바이트라도 찾아야 한다. 그도 안 되면 그림 그리는 시간을 확보하기 위해 최소한 칼퇴라도 해야 한다. 그저 '현실은 그런 게 아니야'라며 주저앉아만 있어서는 안 된다.

"돈, 돈, 돈"거리는 사회에서 살아오느라 쉽지 않겠지만, 너무 주눅 들 필요는 없다. 돈은 생계에 필요한 만큼이면 된다. 그 돈으로 버티면 된다. 언제까지? 우리가 하고 싶은 일을 하고, 우리가 원하는 삶이 하나의 독창성, 개성, 스타일이 될 때까지. 그때가 되면 부자까지는 아니더라도 최소한 생계 걱정은 하지 않으면서 우리가 원하는 일을 원하는 방식으로 밥벌이를 할 수 있게 될 것이다. 자신이 원하는 삶을 마지막까지 밀어붙여서 그것이 하나의 독창성, 개성, 스타일로 완성되면 자연스럽게 행복한 밥벌이를 할 수 있다. 정말이다. 직장을 떠나 4년 동안 글쟁이로 버티면서 알게 된 삶의 진실이니 믿어도 좋다.

왜
이렇게 살게 된 걸까?

우리는 생계에 필요한 돈을 번다. 그리고 직장을 떠나게 되면 생계의 위협이 닥친다는 사실도 너무 잘 안다. 왜 이렇게 살게 된 걸까? 그건 우리에게 아무런 독창성, 개성 혹은 스타일이 없어서일 게다. 평범한 직장인이 일터를 떠나 지금까지 하던 일 말고 무엇을 할 수 있을까? 먹고사는 일이 걱정되고 불안해 부모, 선생, 사장, 사회의 '튀지 말라'라는 말을 받아들였지만, 바로 그 때문에 우리는 다시 먹고사는 일을 걱정하고 불안해해야 하는 악순환에 빠진 것이다.

세상은 '남들과 다른 관점으로 남들과 다른 삶을 사는 사람'에게 관심을 보인다. 그러므로 돈과 명예, 권력을 원한다면 우선 자아실현부터 해야 한다. 밥벌이의 측면에서도 제각각의 고유한 색깔을 찾고 그것을 삶에서 관철시켜 나가는 것이 훌륭한 전략 아닐까? 세상은 자신만의 색깔을 삶에서 관철시킬 때 만들어지는 독창적이고 개성 있는 스타일을 사랑해줄 것이다.

세상 사람들이 사랑하는 애플은 꼴리는 대로 살고자 했던 스티브 잡스라는 또라이가 만들어낸 브랜드다. 시, 소설, 그림 같은 예술품은 물론이고 옷, 자동차 같은 상품들도 마찬가지다. 많은 사람들에게 사랑 받은 것을 만들어낸 사람들에게는 공통점이 있다. 그들은 항상 끌리는 대로 살고 싶다는 '자아실현의 욕망'에 정직했고, 그것을 자신의 삶에서 끝끝내 관철시켰던 부류들이다.

자신만의 개성과 스타일이 생겼을 때 비로소 사람들에게 사랑을 받을 수 있다. 그리고 그 사랑은 얼마든지 돈으로 환원할 수 있다. 자본주의 체계 안에서는 사랑 역시 돈으로 표현될 수밖에 없기 때문이다.

자신의 욕망을 긍정하고 끝까지 밀어붙이자. 행복한 밥벌이는 이를 진심으로 믿고 한 걸음씩 실천해낸 사람들에게 주어진다.

——— 우리 시대의 평범함은
불행의 또 다른 이름이다

"모든 사람이 다 스티브 잡스처럼 유명해지고 부자가 될 순 없잖아. 나는 평범한 삶이 좋아."

이런 생각을 가진 사람들도 있을 것이다. 물론이다. 자신의 욕망을 긍정하고 마지막까지 그것을 밀어붙인다고 해서 모든 사람이 스티브 잡스처럼 유명해지고 부자가 될 수 없다. 그걸 모를 만큼 우리는 순진하지 않다.

하지만 자신만의 삶을 끈덕지게 밀어붙일 수 있다면, 유명해지거나 부자는 될 수 없을지라도 소박하지만 행복한 밥벌이를 하며 살 수는 있을 것이다.

평범함에 현혹되지 말자.

지금 시대의 '평범함'은 불행의 또 다른 이름이다. '평범함'은 자신의 불행을 덮기 위해 '나는 평범하다, 평범하다'라며 스스로에게 거는 최면술일지도 모른다. 우리 주위에 평범한 사람들이 넘쳐나지만 그들 중 행복한 사람은 얼마나 될까?

이제부터라도 이렇게 생각하는 건 어떨까?

나 자신답게 살며 행복한 밥벌이를 하는 것이야말로 누구라도 할 수 있는 평범한 일이라고 말이다.

그런데
왜 이렇게 쉽지가 않을까.

9··· 일할 자유도,
일하지 않을 자유도
없는 사회

───── '일하지 않을 자유'가
없는 사회

대부분에게 '일'이란 고난이자 고초다. 그런데 우리가 이 악물고 매일같이 버텨내고 있는 이유는 무엇인가. 물을 것도 없다. '일하지 않을 자유'를 얻기 위해서다. 일해서 번 돈으로 '일하지 않을 자유'를 얻은 뒤 행복한 삶을 향유하기 위해서다. 이제 갓 취업한 후배가 '내 꿈은 은퇴예요'라고 말하는 시대다.

우리는 행복한가?

여행을 아주 좋아하던 친구가 있었다. 한참 취업을 준비하던 그에게 '왜 취업을 하려고 하느냐?'고 물은 적이 있다. 그는 '돈을 벌어 남미와 유럽을 여행하고 싶어서'라고 답했다. 친구는 이제 곧 직장 생활 8년차가 된다. 8년간 번 돈으로 남미와 유럽을 다녀왔을까? 다들 짐작하겠지만 남미, 유럽은 고사하고 제주도도 한 번 가보지 못했다. 늘 같은 일상 속에 파묻혀 일만 하고 있다. 돈? 적지 않게 벌었을 것이다. 그럼에도 불구하고 그는 여행을 떠나지 못하고 있다.

삶을 향유하기 위해 일을 시작했지만 이제 그 목적은 까맣게 잊어버렸다. 그에게만 해당되는 이야기가 아니다. 대부분의 사람들이 일을 하는 것, 돈을 버는 것 자체가 목적인 것처럼 살아간다. 생계 문제에 심각한 위협을 받는 사람들을 제외하더라도 이것은 버는 돈의 액수와 크게 상관이 없다. 경제적 여건이 나아져도 달라지는 건 없기 때문이다.

도대체 왜일까?

───── 1997년,
그 깊은 상처

알다시피 1997년은 IMF 외환위기가 터진 해다. 그때부터 지금까지 단 한 번도 들어본 적 없는 말이 있다. '경기가 좋아졌다'는 이야기. 어쩜 그리 경기는 한결같이 나빠지기만 하는 건지 모르겠다. 우리의 경기는 1997년에 멈추어서 단 한 번도 좋아진 적이 없다. 그때부터 지금까지 적어도 내 주변 사람들에게 '이제 좀 먹고살 만하다'는 이야기는 단연코 들은 적이 없다. 늘 '먹고살기 힘들다'는 말만 입에 달고 살았다.

1997년 나는 고등학교 2학년이었다. 외환위기의 매서운 한파가 우리집 역시 비켜 갈 리 없었다. 아버지는 뚜렷한 직장이 없었고, 화물 운전, 택시 운전까지 이런저런 일을 전전했다. 고등학생이었던 나는 그때 처음으로 돈이 없다는 것이 어떤 것인지 절실하게 느꼈다. 생활고의 스트레스로 인해 어머니의 짜증은 점점 심해졌고, 그것은 잦은 집안의 불화로 이어졌다. 나 역시 한동안 무능력한 아버지를 많이 원망했다. '경제적 쪼들림은 우리 바닥에 있는 흉측한 괴물을 불러내는구나'라는 생각을, 어린 나이에 얼핏 했었던 것 같다.

아버지는 괴로웠을 것이다. 돈을 벌지 못하는 가장이라는 자괴감, 아내의 악다구니 그리고 자식들의 원망 어린 눈빛까지, 그 모든 것을 혼자 감당해야 했을 테니까. 당시 내 아버지가 처한 곤경의 절반 이상은 분명 본인 탓이 아니었다. 시대적인, 사회구조적인 문제의 것이었다. 하지만 '무슨 일이 있어도 생계는 가장이 책임져야 해'라는 유교적이고 가족중심적인 분위기 속에서 아버지가 모든 책임을 혼자 떠안을 수밖에 없었던 것이다.

당시 아버지에게 '일하지 않을 자유' 따위는 없었다. 돈을 벌 수 있다면 무슨 일이라도 해야만 하는 상황에서 '일하지 않을 자유'는 말 그대로 사치였을 것이다. 시간이 지나도 상황은 쉬이 좋아지지 않았다. 1997년부터 나와 누나가 돈을 벌기 시작할 때까지 아버지에게 '일하지 않을 자유'는 없었다. 아버지는 환갑을 훌쩍 넘긴 나이로 외국인 노동자들과 함께 고무 공장에서 고된 일을 하셔야만 했다.

이것은 나만의 이야기가 아니다. 삶의 구체적인 상황만 다를 뿐, 같은 시대를 살았던 사람들이 대체로 공유하는 기억일 것이다. 1997년부터 지금까지 우리 시대에 변하지 않는 명백한 사실이 하나 있다. 우리 사회가 잠시 일을 멈추고 삶을 돌아볼 수 있는 '일하지 않을 자유'가 없는 사회라는 것.

지금 아버지의 역할을 해내고 있는 많은 사람들 역시 내 아버지와 크게 다르지 않다. 우리 모두 '일하지 않을 자유'를 언제나 사치로 여기며 근근이 살아가고 있다. 1997년의 깊은 상처는 우리에게 '돈 강박증'을 남겼다. 고된 일을 하면서도 삶을 향유하기는커녕 '조금 더 벌어야 해, 벌 수 있을 때 조금이라도 더 벌어 놔야 돼!'라며 스스로를 늘 옭아매는 '돈 강박증' 말이다.

——— '살얼음 위
내 책상

다시 여행을 좋아했던 후배 이야기로 돌아가자. 그 후배가 어느 날 '삶은 이런 게 아니야. 내가 일을 하는 이유는 삶을 향유하기 위해서야'라는 깨달음을 얻었다고 가정해보자. 그래서 많은 현실적 문제에도 불구하고 당장 다음 주부터 한 달간 휴가를 내고 브라질로 배낭여행을 떠났다고 해보자. 그에게는 어떤 일이 벌어질까?

최악의 경우, 팀장이나 사장에게 찍혀 그해 정리해고 명단에 이름을 올릴지도 모른다. 조금 운이 좋다면 보복성 인사 조치를 당할지도 모를 일이다. 가장 긍정적인 경우를 상정해 봐도, 바빠 죽겠는데 눈치 없이 한 달씩 팔자 좋게 여행이나 갔다 오는 무책임한 직원으로 낙인찍히는 건 어쩔 수 없다.

비약이 아니다. 실제로 직장생활을 할 때 경험한 바 있다. 당시 과도한 업무 때문에 역류성 식도염과 스트레스성 두통으로 온몸에 이상이 온 적이 있었다. 팀장에게 일주일만 휴가를 쓰겠다고 했으나 내게 돌아온 답변은 직장이 어떤 곳인지를 적나라하게 말해준다.

"일주일 쉴 거면 그냥 사표를 써! 직원들한테 피해 주지 말고."

자본주의가 경쟁을 더더욱 치열하게 만들었다. 경쟁이 치열해질수록 우리는 낙오되지 않기 위해, 지금의 일자리를 유지하기 위해, 더, 더, 더 열심히 일할 수밖에 없다.

사실 자본의 입장에서는 너무 당연한 일이다. 같은 값에 일할 사람이 널렸는데 한 달씩 여행을 가는 무책임한 직원을 굳이 떠안고 가야 할 필요가 없다. 우리는 어느 사이엔가 '일하기 위해' 일하는 이유(삶을 향유한다는 목적)를 포기하지 않으면 안 되는 역설적인 상황에 직면하게 되었다.

——— "일할 자유'도 없는 사회

역설적인 것은 한 가지 더 있다. 우리에게 '일하지

않을 자유'가 없는 이유 중 하나는 우리에게 '일할 자유'가 없기 때문이라는 것이다. 이게 무슨 궤변이냐고 할지도 모르겠다. 게다가 지금이 조선시대도 아니고 여기가 북한도 아닌데, 한국이라는 자유민주주의 국가에 살고 있으면서 '일할 자유'가 없다니?

40대 후반의 어떤 철학자 이야기한 적 있다. 지금의 대학생들을 보면 불쌍하다고. 적어도 자신이 대학을 다닌 80년대의 대학은 좋아하는 책을 마음껏 읽을 수 있는 공간이었다고. 대학교 도서관에서 다들 토익 책만 붙들고 사는 지금의 대학생들에게 조금의 위로를 전하고자 했던 이야기로 이해하고 있다.

힘들지 않은 인생은 없다. 소위 386세대라 불리는 80년대 학번들은 독재에 맞서 민주화를 쟁취하기 위해 목숨 걸고 화염병과 짱돌을 들었어야 했던 세대들이다. 그럼에도 불구하고 본인이 좋아하는 책을 마음껏 읽을 수 있는 여유는 있었던 모양이다.

어떻게 그럴 수 있었을까? 당시 한국 경제는 급격히 팽창하던 때로서 일자리가 넘쳐났던 시절이었다. 그때의 대학생들은 적어도 취업 걱정이 필요 없었다. 오히려 갖가지 사정으로 자신이 원하는 공부나 일을 하지 못하고 대기업에 취업을 하게 된 사람을 위로해야 했던, 지금 대학생들은 상상조차 하기 힘든 시기였다.

지금은 어떠한가? 사상 초유의 취업난이 발생했다. 취업을 위해 학점 관리에 영어 공부는 물론이고, 이제는 봉사활동이나 심지어 성형수술 마저 해야 하는 상황이다. 한국의 젊은이들에게 정말 '일할 자유'가 있 긴 한 걸까? 누가 감히 그들에게 일할 자유가 있다고 말할 수 있을까?

어떤 사람은 너무 쉽게 말한다. 대학생들이 눈만 높아져 대기업만 선 호하니까 그런 것 아니냐고. 그런 말을 하는 사람들에게 진지하게 묻고 싶다. 정말 지금 영세기업, 중소기업의 현실이 어떤지 아느냐고. 영세기 업이나 중소기업에서 일을 해본 적이 있느냐고.

나는 운이 좋게 대기업에 들어갔지만, 중소기업이나 영세기업에서 일 하는 사람들과 자주 일을 했었다. 그들은 언제나 대기업 직원을 보며 상대적 박탈감에 시달려야 했다. 중소기업의 급여가 대기업의 급여에 턱없이 모자란 것은 이미 식상한 이야기가 되어 버렸다. 그뿐인가? 고질 적인 갑을관계 때문에 중소기업 직원은 대기업 직원이 부르면 언제든 달려가야 한다. 금요일에 대기업 신입사원이 중소기업 과장에게 일을 던지고 퇴근하면 중소기업 과장은 주말에 출근해서 월요일까지 그 일 을 마무리해야 한다. 이것이 지금 중소기업의 현실이다.

나와 함께 일했던 중소기업 직원 중 중학교 동창이 있었다. 그는 사장에게 나와 일하기 힘들다고 말하며 부서를 바꾸었다. 아마 중학교 동창에게서 묘한 상대적 박탈감을 느꼈기 때문이었던 것 같다. 이런 구조적인 상황하에 정상적인 사람이라면 당연히 대기업 취업에 목숨 걸지 않겠는가. 나조차 후배들이 조언을 부탁하면 악착같이 대기업에 가라고 말한다. 이런 부조리한 상황에서 누가 감히 '일할 자유'가 존재한다고 말할 수 있을까? 나는 양심적으로 그런 말을 못 하겠다.

지금 대학생들에게는 일할 자유가 없다.

이미 취업에 성공한 직장인도 상황은 마찬가지다. 시기의 차이는 있지만 직장인들 역시 일할 자유가 없다. 언제? 가장 돈이 필요한 중년, 노년에. 싱싱한 신입사원들이 밀고 올라오면 노땅 직원들은 그들에게 밀려 일할 자유마저 박탈당하기 때문이다. 그게 직장이다.

그래도 자영업을 할 자유는 있는 것 아니냐고 말하는 사람들이 있다. 혹자는 성실하기만 하면 뭐든 해서 먹고살 수 있는 것 아니냐고 말하기도 한다. 미안하지만 이보다 더 현실을 모르는 소리도 없다. 동네 담배가게, 카페, 빵집, 치킨집은 이미 거대 자본에 잠식당한 지 오래다. 그나마 남은 자영업자들도 서로 경쟁하느라 생계를 유지하기도 버거운 것이 지금 자영업자의 현실이다. 자조적인 우스갯소리로 자영업자들 중 돈 버는 사람은 간판 하는 사람들뿐이란 말이 나올 정도다. 하도 자영업자들이 자주 망하고 새로 생기니까 그때마다 간판을 만드는 사람들만 돈을 번다는 이야기다. 이걸 웃어야 하는 건지……

이런 상황에서 대학생이든, 직장인이든, 자영업자든, 누가 그들에게 일할 자유가 있다고 말할 수 있을까? 지금 있는 그대로의 현실을 직면한다면, '누구에게나 일할 자유가 있다'고 말할 수는 없을 것이다.

——— '돌고 돌아,
돈으로

우리에게 '일하지 않을 자유'가 없는 것, '우리의 삶을 오롯이 향유할 자유'를 포기하고 있는 것이 개개인의 탓만은 아니다. 1997년의 상처는 우리에게 돈에 대한 강박을 남겨 주었다. 계속해서 치열해지는 경쟁은 내가 언제든지 다른 이들로 대체될 수 있음을 끊임없이 상기시킨다. '일할 자유도 없는 현실'은 '일하는 행위' 자체에 대한 집착을 더 강하게 만든다. 이러한 현실 속에서, 우리는 오로지 '돈'을 목적 삼아 일할 수밖에 없는 것이다.

어떤 것이 행복한 밥벌이인가. 행복한 밥벌이를 위해 우리가 택할 수 있는 차선책들은 무엇인가. 여러 가지를 알아보았지만 아직까지는 우리의 발목을 붙잡고 있는 '돈'이란 녀석을 떨쳐낼 엄두가 나지 않는다.

오늘날 우리 삶의 돈,
이 돈에 대해서, 조금 더 이야기할 필요가 있다.

10... 일에 관한 자유를
어떻게 얻을 수 있을까

——— 노오-력하라고
말하는 이들에게

　　우리는 지금 '일할 자유'도 '일하지 않을 자유'도
없는 사회에서 살고 있다. 서글프고 답답하지만 현실이다. 하지만 언제
까지 이렇게 살 수는 없는 노릇 아닌가. 인생은 한 번뿐이다. 그러니 어
떤 식으로든 오도 가도 못하는 이 상황을 돌파해야만 한다. 어떻게 해
야 할까? 어려울 것 없다. 간단하다. 노력하면 된다. 개인이 노력해서 능
력을 쌓아 유능해지면 된다. 쉽게 말하자. 우리 모두 연봉이 10억 정도
가 되면 된다. 그러면 우리는 '일할 자유'도 '일하지 않을 자유'도 마음껏
누릴 수 있다.

어떤가? 그럴듯한가? 이것이 바로 전형적인 자기계발식 논리다. '개인이 노력하면 모든 것은 다 된다'는 자기계발의 논리는 우리에게 잠시 그럴듯한 희망을 주지만 이는 명백한 허구다. 허구이기에 폭력이다. 물론 자기계발식 논리가 완전히 틀린 이야기인 건 아니다. 엄밀히 말하자면 반은 맞고 반은 틀린 이야기다. 일에 관한 자유가 없다면, 딱 잘라 말하기는 힘들지만 절반의 책임은 개인에게, 그 나머지 절반의 책임은 사회에 있다고 할 수 있다. 이것이 균형 잡힌 시각일 것이다.

하지만 개인이라는 절반의 책임에 대해서는 이야기하지 않아도 될 것 같다. 적어도 지금 시대에서는 말이다. 주위를 한 번 둘러보자. 요즘 세상에 어디 열심히 살지 않는 사람이 있던가? 다들 각자의 치열한 밥벌이 현장에서 고단한 하루를 보내고 있다. 적어도 내가 만나본 사람들은 대부분 혹사 수준의 일을 하면서 밥벌이를 하고 있는 사람들이었다. 그 사람들 중 나태하고 태만한 사람이라고 여길 만한 사람은 거의 없었다. 당연한 일이다. 지금은 죽을 둥 살 둥 모든 것을 다 바쳐 일을 해야 그나마의 삶을 유지할 수 있는 사회니까.

금수저를 물고 태어나지 않은 이상 기본적인 생계조차 유지하기 어려운 시대다. 평범한 대학생, 직장인, 자영업자들에게 일에 관한 자유는 TV 드라마에서나 나오는 사치스러운 이야기일 뿐이다. 그렇기 때문에 개인이 노력한다고 해결될 문제가 아닌 것이다. 우리가 열심히 살지 않았기 때문이 아니다. 아무리 열심히 해본들 지금의 곤경에서 빠져 나올 수 없는 구조에 우리가 포함돼 있기 때문이다.

어쩌면 '인생'이란 시험에서 '나'라는 과목만 들입다 파고 '우리'란 과목은 포기하고 사는 것일지도 모르겠다. 그러면서 평균점수가 오르지 않는다고 좌절하고 있는 것은 아닐까? '나'라는 과목에서 100점 맞으면 뭐하겠나. '우리'라는 과목이 0점이면, 평균은 언제나 50점을 넘지 못할 텐데. 다음 시험부터는 '우리'라는 과목, 즉 사회구조적인 문제에 대해서 공부를 좀 해보는 건 어떨까? 그럼 평균 성적이 쑥 올라갈지도 모를 일이다. 인생이란 시험의 평균 성적이 올라간다는 건, 최소한 지금보다는 조금 더 사람답게 일하며 살 수 있다는 의미일 것이다.

──── 사회구조라는
절반의 책임

일에 관한 자유는 없다. '일할 자유'도, '일하지 않을 자유'도, '하고 싶은 일을 할 자유'도 없다. 이런 곤경의 본질적인 책임은 분명 사회구조에 있다. 만약 '일할 자유'가 개인의 책임이라면 엄청난 취업대란은 대체 왜 발생했다는 말인가. 만약 '일하지 않을 자유'가 개인의 책임이라면 수많은 명예퇴직자는 다 어디서 나왔단 말인가. 만약 '하고 싶은 일을 할 자유'가 개인의 책임이라면, 잿빛 표정으로 출근하는 많은 직장인은 대체 다 어디서 나왔단 말인가.

지금은 개인이 아무리 노력해도 일에 관한 자유를 얻기가 사실상 불가능한 시대다. 그러니 사회구조라는 절반의 책임에 직면해야 할 때다. 어떻게 하면 조금 더 사람답게 일할 수 있는 사회로 변화시킬 수 있는지 고민해야 한다. 벌써부터 걱정이 앞선다. 사회구조적인 이야기는 공허하게 끝을 맺기 십상인 것을 잘 알고 있기 때문이다. 그도 그럴 것이 '나'의 문제는 내가 바뀌면 당장 내일부터 효과를 볼 수 있지만, 사회구조적인 문제는 그렇지 못하기 때문이다. 사회구조적인 문제의 주체는 '나'가 아니라 '우리'다. 그래서 사회구조적인 문제는 항상 너무 복잡하고 어렵다.

지혜로운 누군가가 이 복잡하고 어려운 문제에 대해 훌륭한 해법을 제시한다고 해도 상황은 크게 달라지지 않는다. 문제해결 속도가 현저히 느릴 수밖에 없기 때문이다. 문제해결의 속도가 느린 해법은 단기적이고 가시적인 결과를 원하는 다수에게 언제나 공허한 이야기로 치부되게 마련이다. 그 해법이 근본적이고 옳다 할지라도 말이다. 그래서 많은 이들이 사회구조의 문제를 은폐하고 외면하면서 '일단 나부터 살고 보자' 혹은 '개인이 노력하면 모든 것을 이룰 수 있다' 식의 자기계발 담론에 너무 쉽게 빠져드는 것일 테다.

언젠가 한 대학생과 이야기를 나눌 기회가 있었다. 이런저런 이야기를 나누던 중 그는 다음과 같이 말했다.

"다른 사람들은 이명박 대통령을 욕하지만 전 존경해요. 다른 건 몰라도 평사원으로 입사해서 지금의 자리까지 오직 자신의 노력으로 이루어낸 거잖아요. 그런 건 정말 본받아야 한다고 생각해요."

그 이야기를 듣고 소스라치게 놀랐다. 사회구조라는 맥락을 전혀 읽지 못하고 모든 문제를 철저하게 개인의 책임으로 환원시키는 자기계발식 논리에 이미 너무 깊이 길들여져 있어서였다.

하긴 그마저도 이해 못할 것도 없다. "사회구조의 문제는 내가 어찌할 수 없는 문제야"라며 압도당하기 십상이기 때문이다. 그러니 '일단 나부터 살고보자'라는 생각이 드는 것을 어쩌랴? 또 '개인이 노력하면 다 이룰 수 있다'는 믿음마저 없다면 평범한 소시민들은 어떻게 매일 반복되는 그 고단한 일상을 버틸 수 있을까? 정말이지 이해가 된다. 그러니 개인이 노력해서 성공한 것처럼 보이는 사람들을 악착같이 찾아내려고 할 수밖에. 믿고 싶은 것을 믿기 위해서. 설사 그 대상이 온갖 비리로 국민의 혈세를 4대강에 퍼부은 가짜 경제 대통령이라 할지라도 말이다.

───── '나'보다 '우리'로
문제를 풀자

　　　　인정하자. 사회구조적인 문제는 복잡하고 어렵다.
그래서 해결 속도도 느리다. 하지만 '우리'(사회구조적인)의 문제를 은폐
하거나 외면해서는 안 된다. 사회구조적인 문제를 해결하려는 것이 옳
고 고결한 일이기 때문이 아니다. 지금 당면한 문제를 '나'(개인)의 문제
로 해결하려는 것보다 '우리'(사회구조적인)의 문제로 해결하려는 것이
영향력 측면에서 파급력이 훨씬 크기 때문이다. 뜬구름 잡는 이론적인
이야기 말고 일상생활의 예를 들어보자.

　평범한 사람들의 가장 큰 경제적 문제가 뭘까? 단연 집이다. 평범한
사람들이 맞벌이에, 야근까지 불사하며 그리도 빡세게 사는 이유는 사
실 발 뻗고 누울 내 집 하나를 장만하기 위해서 아니었던가. 이 주택문
제를 '나'의 문제로 해결할 수도 있다. 투잡을 뛰고, 맞벌이를 하고, 야근
도 마다하지 않으며 빡세게 살면 된다. 그렇게 주택문제를 해결할 수도
있다. 하지만 이것을 '우리'의 문제로 해결할 수도 있다. 지금 부풀려진
집값을 합리적으로 내려줄 의지와 능력이 있는 정치가와 정당을 찾고
그들에게 투표하면 된다.

　물론 안다. 정말 잘 안다. 나만 그렇게 한다고 당장 집값이 내려가지

않는다는 것을. 그리고 우리의 목소리를 왜곡 없이 대변해줄 만한 의지와 능력을 가진 정당이나 정치가가 거의 없다는 사실 또한 잘 알고 있다. 야당은 부패했고, 여당은 무능하기 짝이 없으니까. 하지만 '다 그놈이 그놈인데 투표한다고 뭐가 달라지겠어'라고 냉소하지 않고, '우리'의 문제에 조금 더 적극적인 사람이 된다면 상황은 분명 달라질 것이다. 속도는 느릴지 몰라도 그 영향력은 분명 더 커질 것이다.

사례가 없다면 믿기 어려운 법이다. 다행스럽게도 긍정적인 몇 번의 사례가 있었다. '무슨 지랄을 해도 반값 등록금은 절대 안 된다'고 다들 말했지만 서울시장 한 명이 바뀌면서 어느 대학의 등록금이 정말 반값이 되었다. 주택문제도 그렇게 풀어갈 수 있다. 합리적인 정당, 합리적인 국회의원, 합리적인 대통령이 나온다면, '반값 주택'이 현실로 실현되지 못하란 법도 없다. 잊지 말자. 지금 우리가 당연하게 누리고 있는 것들 중 많은 부분이 과거에는 다들 '에이, 그게 될 리가 있나!'라고 냉소했던 것이었음을.

주택문제는 단순히 주택문제로 끝나지 않는다. 이것만 해결되어도 우리는 지금보다 훨씬 더 사람답게 일하며 살 수 있다. 집값 문제가 해결되면 조금 더 손쉽게 내가 원하는 일을 할 수 있는 '일할 자유'를 얻고, 가끔은 멈추어서 삶을 돌아볼 수 있는 '일하지 않을 자유'도 비교적 쉽게 얻을 수 있을 것이다. 그러니 우리가 처한 삶의 문제의 해결책을 '나'의 영역에서 찾지 말자. 다들 '나'의 영역에서는 충분히, 아니 과도하게 열심히 살고 있으니까 말이다.

'나의 문제는 뭘까?'를 묻는 대신 '우리의 문제는 뭘까?'를 물을 수 있어야 한다. '나의 문제를 어떻게 해결할 수 있을까?'를 묻는 대신 '우리의 문제는 어떻게 해결할 수 있을까?'를 물을 수 있어야 한다. 그렇게 '우리'의 문제를 묻고 해결해나갈 때, '나'의 삶의 질을 변화시켜줄 제도적 장치가 마련될 것이다. 그렇게 하나씩 사회적 안정망이 갖춰질 때, 우리는 일에 관한 자유를 얻을 수 있다. '우리'의 문제에 직면하고 각자만의 방식으로 '우리'의 문제에 개입해나갈 때, 비로소 '개인'의 삶이 달라질 것이다. 일과 삶의 문제를 정면 돌파할 수 있는 힘은 '나'에 있지 않고 '우리'에게 있다.

우리를 이렇게나
불안하게 만드는 돈

그리고 자본주의에 대해

거의 모든 불안의 근원

1 ··· 자본주의는 체제가 아니다.
종교다

─── 종교 그리고
자본주의

···독실한 기독교 신자가 있다. 그는 예수 형상을 본
뜬 나무 십자가를 가방에 가득 넣고 교회로 가고 있었다. 교회 사람
들에게 그것을 전해주기 위해서다. 그런데 문제가 발생했다. 한겨울이
라 눈이 너무 많이 와서 산에서 길을 잃은 것이다. 설상가상으로 해까
지 져서 어쩔 수 없이 근처 동굴에 자리를 잡았다. 너무 추워서 불을
피우고 싶었지만, 근처에는 불을 피울 만한 땔감이 하나도 없었다. 자
신의 가방 속에 언뜻 보이는 나무 십자가를 잠시 쳐다보더니 고개를
절레절레 흔들며 '지금 무슨 생각을 하는 거야!'라고 혼잣말을 한다.
안타깝게도 그는 그날 밤의 추위를 견디지 못했다.

…은행털이를 오래전부터 치밀하게 계획한 사람이 있다. 드디어 은행털이에 성공했다. 들고 갔던 가방에 돈을 잔뜩 담아 나왔다. 하지만 세상일이 어디 계획처럼만 되던가. 얼마 도망가지 못해 경찰들이 그를 쫓기 시작했다. 그는 경찰을 피해 산속 깊은 곳으로 도망을 쳤다. 한겨울 추위와 무거운 가방 때문에 그는 이내 지쳐버렸다. 근처에 보이는 동굴에 들어갔다. 몸을 녹이고 싶었지만 근처에 땔감이 하나도 없었다. 자신의 가방 속에 언뜻 보이는 현금 다발을 잠시 쳐다보더니 고개를 절레절레 흔들며 '지금 무슨 생각을 하는 거야!'라고 혼잣말을 한다. 안타깝게도 그는 그날 밤의 추위를 견디지 못했다.

앞의 기독교 신자는 독실한 종교인이다. 그가 추위에도 불구하고 나무 십자가를 태울 수 없었던 이유는 종교적 믿음 때문이었다. 사회학자 노명우는 《세상물정의 사회학》에서 종교적 믿음에 대해 이렇게 말했다.

"인간이 자신의 의지와 열정 모두를 그 자체로 목적이자 사고 및 행위의 기준인 어떤 신조에 기꺼이 바치면서 자신을 희생하면, 그것을 우리는 종교적 믿음이라 한다."

앞의 독실한 기독교인은 바로 그 종교적 믿음 때문에 나무 막대기에서 그것 이상의 가치를 보고 또 그 가치에 기꺼이 자신을 희생했던 것이다.

은행털이범 역시 마찬가지다. 그에게 종교는 다름 아닌 자본주의였다. 그에게 돈은 신이다. 종교인이 절대자를 믿으면서 마음의 안식을 얻고 행복감을 얻었다면, 은행털이범은 돈의 가치를 믿으면서 마음의 안식을 얻고 행복을 얻었던 것이다. 그러니 그는 추위 속에서도 결코 돈다발들을 태워 몸을 따뜻하게 하지 못했던 것이다. 그저 종잇조각일 뿐인 지폐에서 그 이상의 가치를 보고 또 그 가치에 기꺼이 자신을 희생했던 것이다. 이것 역시 종교적 믿음이 아니라면 무엇일까? 앞의 기독교 신자와 은행털이범은 본질적으로 모두 절실한 종교적 믿음이 있었던 셈이다. 한 사람에게는 '신'이라는, 또 한 사람에게는 '돈'이라는 종교적 믿음 말이다.

나는 무신론자다. 하지만 누군가가 절대자를 믿는 행위에 대해 부정하지 않는다. 종교라는 것이 기본적으로 어떤 절대자를 숭배함으로써 마음의 안식이나 행복감을 얻으려는 것 아닌가? 거칠고 힘든 세상에서 따뜻한 위안을 얻고 평온한 안식을 얻을 수 있다면 종교가 아니라 그보다 더한 것도 믿지 못할 이유는 없다고 생각하는 편이다. 어차피 우리는 행복하기 위해 혹은 불행하지 않기 위해 무엇이든 믿으며 살아가게 마련이다. 그 믿음의 대상이 어떤 절대자가 된다고 해서 문제될 것은 없다.

부모를 믿든, 신을 믿든, 돈을 믿든 우리는 행복하기 위해 무엇인가를 악착같이 믿으며 산다. 하지만 그 믿음의 대상이 무엇이건 간에 만약 우리의 삶을 건강하지 못하게 만든다면, 그것은 분명 문제라고 생각한다. 부모든, 신이든, 돈이든 그것에 대한 믿음이 우리 삶을 불행하게 한다면, 그 믿음은 없는 것만 못한 것이 된다.

같은 맥락에서 독실한 기독교 신자라고 해서 엄동설한에 나무 십자가를 태우지 못할 이유는 없다. 만약 전지전능하며 인간을 진심으로 사랑하는 신이 정말 있다면, 그 역시 추우면 십자가를 태워서 몸을 따뜻하게 하라고 말하지 않을까?

———— 현대사회에서 가장 핫한 종교
자본주의

가끔씩 사이비 종교에 빠져 자신의 모든 것을 잃고 파멸의 길로 걸어 들어간 사람들을 볼 때마다 '종교적인 믿음은 때때로 삶을 불행의 구렁텅이로 몰아넣기도 한다'고 생각했다. 동시에 '혹시 나 역시 그런 사이비 종교에 빠져 살고 있는 것이 아닌가?'라는 생각을 한 적도 있다. 종교를 믿기에는 너무나 냉철하고 논리적이며 이성적이라서 '나는 종교 같은 건 절대 믿지 않아'라고 단언하던 이들이 어느새 홀랑 넘어가버리는, 엄청난 종교 말이다.

그 종교의 이름은 자본주의이다.

어렸을 때 어머니가 장롱 제일 밑에서 적금 통장을 꺼내어 보며 흐뭇한 미소를 지었던 모습이 간혹 기억난다. 생활의 궁핍함으로 얼굴의 짜증을 미처 숨길 수 없었던 날조차 적금 통장의 숫자들을 볼 때면 어머니의 얼굴엔 어김없이 평온하고 온화한 미소가 찾아들었다. 근심 가득한 표정을 짓고 있던 사람이 사이비 교주를 보는 순간 모든 걱정이 눈 녹듯이 사라지고 환한 미소를 짓게 되는 것과 다르다면 무엇이 얼마나 다를까. 발터 벤야민Walter Benjamin이라는 탁월한 철학자가 '자본주의는 세속화된 종교'라고 말한 이유를 이제 분명히 알 수 있을 것 같다.

이쯤에서 사회학자 노명우의 이야기를 조금 더 들어보자.

"종교는 사람들의 '걱정'을 건드리고, '걱정'을 대신해 '구원'을 약속한다. 자본주의도 마찬가지다. 우리의 현실적 '걱정'은 많은 경우 자본주의 법칙에서 유래하는데, '걱정'의 원천인 자본주의는 동시에 우리에게 자본주의적 '구원'을 약속한다. 그래서 자본주의는 일종의 종교의 기능을 한다. 자본주의에서 일종의 종교를 볼 수 있다. 즉 자본주의는 예전에 이른바 종교들이 그 답을 주었던 것과 똑같은 걱정, 고통, 불안을 잠재우는 데 핵심적으로 기여한다."

발터 벤야민과 노명우의 말처럼 자본주의는 분명 종교다. 현대사회의 자본주의는 과거 종교와 같은 메커니즘으로 우리의 걱정, 고통, 불안을 야기하고 또 다시 구원을 약속한다. 자본주의는 "돈 없으면 사람 취급 받을 것 같아?"라며 걱정과 불안을 불러일으키는 동시에, "돈만 있으면 모든 것이 해결되리라!"라며 걱정과 불안을 잠재우는 구원의 역할을 하고 있다. 사실 아닌가? 우리는 다들 돈만 있으면 우리가 지금 겪는 걱정, 고통, 불안이 눈 녹듯 사라질 것이라 믿고 있으니까.

　종교와 자본주의의 차이를 굳이 설명하자면 종교는 내세(來世)의 행복, 그러니까 근본적으로 있을지 없을지 모를 사후의 행복에 대해서 약속하지만 자본주의라는 종교는 다르다. 종교의 신이 내세의 행복을 담보한다면, 자본주의의 신은 현세에서의 구원을 약속한다. 돈만 많으면 당장 무엇이든 이룰 수 있고, 무엇이든 가질 수 있다는 사실을 결코 의심하지 않는다. 이 점이 종교와 자본주의의 차이점이며 종교와 비할 수 없을 만큼 매혹적이다.

　어쩌면 자본주의라는 종교에 빠진 사람은 합리적인 사람일지도 모른다. 있을지 없을지도 모를 사후의 행복보다는 비교적 확실한 행복을 추구하기 때문이다.

자본주의는 종교다. 돈은 써야 의미가 있다. 하지만 자본주의를 종교처럼 생각하고 있는 사람은 돈을 쓰지 않는다. 돈을 가지고 있을 때 그 소비의 가능성만으로도 충분히 행복한 까닭이다. 돈이 주는 구체적 효용성을 따지기보다 돈 그 자체를 맹신하는 것이다. 사이비 종교에 빠진 사람과 흡사하지 않은가. 그들 역시 그들이 모시는 신의 효용성을 따지기보다 신 그 자체를 맹신하니까. 그리고 그 맹신 속에서 이미 충분히 행복하니까 말이다.

노명우는 말했다.

"수전노는 자본주의하에서 가장 종교적인 인물이다. 수전노는 자본주의에게 모든 열정과 의지를 헌납하는 중세의 수도사와 같다."

스크루지 영감으로 대변되는 수전노는 자본주의라는 종교의 전형적인 신자다. 그는 많은 돈을 갖고 있지만 결코 쓰지 않는다. 언제나 아끼고 또 아끼며 불편하고 고단한 삶을 견뎌낸다. 더 많은 돈을 벌기 위해 발버둥을 친다. 그들은 돈이 있다는 것 자체로 행복하다. 중세의 수도사는 철저하게 금욕적인 생활을 하면서 불편하고 고단한 삶을 견뎌낸다. 쾌락이나 즐거움은 언제나 내세의 행복을 위해 유예된다. 급기야 금욕적인 생활을 한다는 것 자체로 행복해지는 것이다. 수전노와 중세 수도사는 결코 다르지 않다.

2··· 우리 모두는 스크루지 영감이다

———— 오늘도 나는
돈이라는 신을 섬긴다

　　어린 시절 스크루지 영감을 어리석다고 생각하지 않은 사람은 없을 것이다. 우리가 그를 어리석다 여긴 것은 스크루지가 '돈'이라는 '신'을 섬긴, '자본주의'라는 '종교'를 맹신했다는 사실을 직관적으로 파악했기 때문이다. 하지만 지금 우리와 스크루지 영감은 과연 다를까? 어느 날 한겨울에 5만 원권 지폐가 가득 든 가방을 가지고 산에서 표류하게 되었을 때 우리는 선뜻 돈다발들을 태워 몸을 데울 수 있을까?

　　쉽지 않다. 우리는 그 가방 속 종잇조각에서 무한한 가능성을 볼 테니까. 누군가 구하러 올 때까지 조금만 참으면 좋은 차, 좋은 옷, 좋은 집을 가질 수 있을 거라는 행복한 상상 때문에 쉽사리 그 돈다발들을 태울 수 없을 것이다. 앞서 말한 은행털이범처럼, 우리도 그렇게 얼어 죽을지 모를 일이다. 우리 역시 자본주의라는 종교에서 자유롭지 못한 것이다.

멀리 갈 것도 없이, 당장 나만 해도 그렇다. 직장을 그만두고 통장의 잔고가 줄어들 때면 불안하고 초조해졌다. 그러다가 인세나 강연료가 들어와서 통장 잔고가 채워지면 행복해졌다. 돈이라는 신에게 구원받은 것이었다. 하지만 실제 내 삶의 구체적인 변화는 전혀 없었다. 단지 통장의 숫자만 올라갔다 내려갔다 했을 뿐인데 불안하고 초조해졌다가 또 행복해지기도 했던 것이다. 돈을 벌고 있는 이유도 모르면서 악착같이 벌려고만 했다. 그저 돈만 있으면 더 행복해질 수 있으리란 믿음 때문이었다.

어떤 이는 이렇게 말할지도 모르겠다.
"자본주의가 종교인데 뭘 어쩌라고? 돈 없이 살 수 있어?"
맞는 말이다. 자본주의가 종교든 아니든지 간에 돈 없이 살 수 없다. 정확히 말하자면 자본주의가 돈 없이 살 수 없는 환경을 충실히 만들어 놓은 것이었다.

바로 이 점이 우리가 '자본주의=종교라는 사실을 깨닫는 것이 왜 중요한지'를 말해준다.

───── 당신이 악착같이
돈을 버는 이유

우리 모두 돈을 벌며 살아간다. 하지만 우리는 항상 '왜 돈을 버는가?'라는 질문을 할 수 있어야 한다.

자본주의 맹신도들은 '돈을 왜 버는가?'라는 질문조차 하지 않는다. 마치 독실한 종교인들이 '신을 왜 믿는가?'라는 질문도 하지 않은 채 그저 신을 믿는 것처럼. 종교에서 '왜?'라는 단어는 금기어다. 믿음에 근거를 대라는 것은 믿음 없는 자들의 불온한 태도일 뿐이니까.

물론 "왜 돈을 버세요?"라는 질문에 다들 나름대로 대답을 한다. "아이들을 잘 키우기 위해서요", "가족들과 알콩달콩하게 잘 지내기 위해서요", "행복하게 살기 위해서요"라고. '왜'라는 질문에 답을 했으니 자본주의의 신도가 아닌 걸까? 쉽게 답할 수 있는 문제가 아니다. 나는 한때 자본주의 맹신도였다. 돈만 있으면 삶이 구원받을 수 있을 거라고 믿었다. 나 역시 '돈을 왜 버는가?'는 질문에 답을 했다. 나와 가족의 행복을 위해서라고.

나는 제대로 답한 걸까? 아니었다. 늘 '나와 가족의 행복을 위해 돈을 번다'고 떠들었지만, 아들에게 장난감 하나를 사줄 때도 괜스레 망설였다. 또 주말에 가족들과 행복한 시간을 보내기는커녕 그놈의 돈을 더 벌기 위해 또 다시 출근했다. 습관처럼 행복을 위해 일한다고 말했을 뿐, 나는 그저 돈을 많이 버는 것 자체가 목적이었던 것이다. 돈이 있어야 안심이 됐고, 돈이 조금이라도 줄어들면 불안하고 초조했다.

내게 자본주의는 종교였고, 돈은 신이었다.

───── 신에서
하인으로

우리는 자본주의가 종교로 기능한다는 사실을 확실하게 깨달을 필요가 있다. 그럼으로써 돈이라는 신에게 복종하는 삶이 아닌, 삶을 위해서 돈을 통제할 수 있는 힘을 얻을 수 있기 때문이다. 돈 그 자체가 목적이 되어서는 안 된다. 돈이 주는 가능성에 매몰되어서는 안 된다. 통장을 채우는 숫자들을 보며 무엇이든 할 수 있다는 매혹적인 가능성의 상상에 매몰될 때 돈은 신이 된다. 돈을 삶의 수단으로 만들어야 한다. 건강한 삶을 살며 행복한 밥벌이를 하고 싶다면, 돈을 '신'에서 '하인'으로 끌어내려야 한다.

좀 더 구체적으로 말하자면, 필요한 만큼 돈을 벌고 써야 할 때 적절히 쓸 수 있어야 한다는 것이다. 돈으로 인한 막연한 행복과 막연한 불행 사이를 왔다 갔다 하는 삶에서 벗어나야 한다. 돈을 하인처럼 부릴 때 행복해질 수 있다. 그럴 수 있을 때, 열심히 번 돈으로 기분 좋게 아내에게 작은 선물을 하나 사줄 수 있고, 아이들이 갖고 싶어 하는 장난감도 하나 사줄 수 있고, 짜장면도 한 그릇 사줄 수 있을 것이다. 가고 싶었던 곳으로 여행도 갈 수 있을 것이다.

사실 이게 우리가 돈을 버는 진짜 이유 아니었던가?

물론 어린 시절부터 자본주의를 종교로 돈을 신으로 내면화해 온 탓에 돈으로부터 자유롭기가 만만치 않다. 이는, 월급날 아내와 아이들에게 선물을 하나 사줄 때도 '이 돈을 안 쓰면 나중에 다른 걸 할 수 있을 텐데'라며 찜찜해하는 마음이 찾아들곤 했고, 열심히 일해서 번 돈으로 프랑스 파리에 여행 갔을 때도 '이 돈이면 한국에서 다른 걸 더 많이 할 수 있을 텐데'라며 마냥 즐거워 할 수 없었던 이유이기도 하다.

서글프게도 우리는 이렇게 자본주의를 종교로 받아들이며 산다.

돈. 필요한 만큼 벌자. 동물들도 자기 먹을 것은 알아서 구하는데, 하물며 만물의 영장인 우리가 그러지 못할 이유는 없다. 각자 자신이 처한 환경과 상황에 맞게 밥벌이를 하자.

하지만, 돈의 노예만은 되지 말자.

사랑하는 사람에게 맛있는 식사를 사주고, 작은 선물을 하나 사주는 것조차 주저하고 망설이는 사람은 되지 말자. 삶의 의미를 되찾게 해줄 여행을 떠나는 것조차 망설이는 사람은 되지 말자. 그런 사람이 될 때 비로소 진정으로 행복하고 건강한 삶을 살 수 있게 될 것이다.

3 ··· 거기, 당신,
불안하십니까?

──── 불안의
근원

쓸 수 있을 때 돈을 쓰는 것, 쉽지만은 않다. 돈이 없을 때 느껴지는 불안감은 생각보다 엄청나니까. 답답한 직장을 벗어나지 못하는 이유도, 좋아하는 일은 뒤로 미뤄 둔 채 당장 돈이 되는 일만 하는 이유도 사실은 잘 알고 있다. 돈이 없을 때 어김없이 찾아드는 불안감, 압박감을 견디기가 만만치 않기 때문이다.

"왜 돈이 없을 때 불안하십니까?"라고 물으면 대부분의 사람들은 '생계에 위협을 받기 때문'이라고 말한다. 옳은 이야기다. 지금처럼 자본주의가 강하게 작동하는 사회에서는 당장 돈이 없으면 먹을 것도, 입을 옷도 살 수 없다는 것은 명백한 사실이니까. 입에 풀칠이라도 해야 할 것 아닌가?

그런데, 돈과 불안의 관계는 조금 더 깊게 생각해볼 문제다. "돈이 없을 때 불안한 것은 당연한 것 아니야?"라고 너무 쉽게 말하지 말자. 그렇게 말하는 순간 우리가 불안해하지 않을 수 있는 유일한 대안은 오직 더 많은 돈을 버는 것밖에 없게 되니까 말이다.

대체 우리는 왜 돈이 없을 때 불안한 걸까?

그 진짜 원인을 되짚어 가다 보면, 돈이 없을 때의 근거 없고 막연한 불안을 통제하고 제어할 수 있는 방법을 찾게 될 수도 있지 않을까?

—— 가난의
기억

중학교 때쯤이었던 것 같다. 나는 아버지가 늦게 들어오시는 날이 무서웠다. 아버지가 직장을 그만둔 뒤 가족들은 경제적 쪼들림을 겪어야만 했다. 어머니는 하루가 멀다 하고 아버지에게 짜증과 원망을 쏟아냈다. 중년의 고지식한 경상도 남자가 그 자괴감과 스트레스를 풀 데가 어디 있었을까? 그저 한 번씩 술을 진탕 마시는 수밖에. 그렇게 술을 마시고 들어오는 날에는 어김없이 고성과 욕설이 오고갔다. 어머니와 아버지가 서로 악다구니를 쓰며 싸울 때는 너무나 무서웠다. 이불 속에서 혼자서 소리 내지 않으려 애쓰며 울었던 기억이 난다.

그리고 시간이 지나 어른이 되었을 때, 나는 알게 되었다. 당시 내가 겪었던 상처들이 오직 나만의 특수하고 개인적인 경험만은 아니었다는 사실을. 한국에 사는 많은 사람들은 나처럼 가난에 대한 크고 작은 트라우마를 갖고 있다. 그렇다. 한국인이라면 1997년의 그 사건을 겪어내야만 했다. 'IMF'라는 것이 무엇인지도 모른 채 우리는 1997년, 우리 잘못도 아닌 그 사태의 모든 책임을 고스란히 짊어져야만 했다.

대기업에 다니는 아버지를 존경한다는 친구가 있었다. 그는 하루아침에 믿음직스럽고 존경스러운 아버지를 잃었다. 그에게 남은 아버지는 연이은 취업 실패로 술에 찌든 아버지일 뿐이었다. 집에 가면 온갖 종류의 게임기에 장난감에 없는 게 없을 정도로 부유한 친구가 있었다. 그 친구는 아버지의 사업 부도로 자신의 게임기, 장난감, 자전거에 빨간 딱지가 붙는 모습을 두려움에 떨면서 바라볼 수밖에 없었다.

아주 운이 좋은 경우가 아니라면 이런 가난의 기억은 구체적인 양태만 다를 뿐 본질적으로는 같은 상처로 우리에게 각인되어 있다. 중요한 것은 어린 시절 경제적 쪼들림을 겪으면서 받았던 크고 작은 상처들이 쉽게 치유되지 않는다는 사실이다. 그것은 여지없이 우리 내면에 불안으로 각인되었다. 어린 시절 돈이 없을 때 받았던 상처는 어른이 되어도 치유되지 않았다. 시간이 흐를 만큼 흘렀음에도 불구하고 어린 시절의 상처가 다시 반복될 것만 같았다. 무의식에 각인된 상처를 흔히 트라우마라고 한다. 이 트라우마가 부지불식간에 찾아오는 불안의 정체다.

통장 잔고가 줄어들어 갈 때 '지금 내가 도대체 왜 불안한가?'라는 질문을 끝까지 물고 늘어진 적이 있었다. 그리고 이유를 알게 되었다. 돈이 없어지면 다시 어린 시절처럼 혼자 이불 속에서 울며 불안에 떨어야 할지도 모른다는 막연한 느낌 때문이었다. 가난의 상처 때문에 나는 돈이 없을 때면 어김없이 불안해졌던 것이다. 명확하게 의식하지는 못하더라도, 어린 시절 가난 때문에 겪어야만 했던 크고 작은 상처에 지금도 여전히 지배당하고 있는 것이다. 서글픈 일이다.

타인의 시선

때때로 우리를 불안하게 만드는 가난의 트라우마는 가난 자체뿐만 아니라 타인으로부터 오기도 한다. 지인 중에 '나는 누구도 믿지 않아, 믿을 수 있는 건 돈뿐이야!'라고 확신하는 사람이 있다. 심지어 그는 아내에게까지 자신의 자산 규모를 알려주지 않았다고 한다. 나중에 안 사실이지만, 그는 어린 시절 아주 잘 살았으나 가세가 기운 뒤 친절하고 상냥했던 사람들이 갑자기 싸늘하게 돌변하는 모습에 충격을 받았다고 했다. 어린 시절 타인의 이중성에 크게 상처를 받은 것이었다. 급기야 그는 사람이란 믿을 것이 못 되고 오직 돈만이 자신을 지켜준다고 믿게 되었다.

이는 아주 예외적인 경우가 아니다. 나 역시 비슷한 경험을 했다. 학창 시절 말썽쟁이였던 나는 친구와 둘이서 놀다가 다른 학교 아이와 시비가 붙은 적이 있었다. 그것은 곧 학교에 알려졌고 우리 둘은 담임선생에게 불려갔다. 친구는 약간의 꾸지람을 들은 후 훈방(?)조치 되었다. 안도했다. 나 역시 훈방조치 될 것이라 믿었기 때문이었다. 그런데 상황은 나의 기대와 사뭇 달랐다. 부모를 모셔오라는 것 아닌가. 이유인즉슨 부유했던 친구의 부모가 알게 모르게 평소에 담임선생에게 많은 도움을 주었기 때문이었다. 그때 알게 되었다. '부유하지 못하다는 것'은 곧 '억울한 일을 당할 수도 있음'을 의미한다는 걸.

우리는 가난 혹은 부유하지 못함을 대하는 타인들의 시선 때문에 크고 작은 상처들을 받으며 살아왔다. 부유한 친구 곁에는 늘 친구가 북적댔고, 가난한 혹은 부유하지 못한 사람은 그 곁의 북적대는 친구 중한 명일뿐이라는 사실을 어린 시절에 경험할 때도 있다. 세상에 어디 사랑받고 싶지 않은 아이가 있던가? 하지만 부유하지 못한 아이는 오직 부유하지 못하다는 이유로 관심 받지 못하고 사랑받지 못하는 일을 겪을 때가 있었다.

또 가난한 사람은 오직 가난하다는 이유 때문에 무시와 냉대를 감내해야 할 때가 있었다. 그런 상처를 갖고 있는 사람이 시간이 지나 어른이 되었을 때 어떤 모습일까? 돈이 없으면 불안해지지 않는 게 오히려 더 이상한 일일 것이다.

우리는 잘 알고 있다. 돈이 없을 때 타인들의 시선이 어떠한지를. 타인의 시선에서 자유롭지 못한 우리는 수입이 줄어들 때 한없이 불안해진다. 돈이 없으니까 사랑받지 못하고, 돈이 없으니까 무시당하고 냉대 받게 될 지도 모른다는 불안감에 시달리는 우리이기 때문이다.

——— 신자유주의가 증폭시킨
불확실한 미래

조금 더 근본적인 이야기를 해보자.
우리는 불확실한 미래 때문에 불안해한다.

나는 직장을 다니면서 재미있는 사실을 하나 알게 되었다. 그것은 1997년 이전에 직장 생활을 시작했던 사람들은 1997년 이후에 직장 생활을 시작했던 사람들보다 불안감이 대체로 덜하다는 사실이었다. 한국 사회의 미래에 대한 불안감은 1997년 IMF 사태 이전과 이후로 확연히 갈린다. 실제로 IMF에서 살아남아 꽤 긴 시간 직장을 다니고 있는 사람들과 이야기를 나누다 보면 항상 하는 이야기가 있다. "지금은 미래가 너무 불투명하고 불확실해"라는 것이다. 그들은 "1997년 전에는 일이 힘든 경우는 있었어도 미래에 대한 불안감은 거의 없었다"고 말했다.

생각해보면 당연한 일이다. 1997년 이전까지 한국 경제는 지속적으로, 그것도 급격하게 성장해 오던 시기였다. 술 한잔하고 택시를 타려면 '따불' 혹은 '따따불'을 외쳐야만 겨우 택시를 잡을 수 있을 만큼 호황 중의 호황이었다. 그 시절에는 당장 돈이 없더라도 불안할 이유가 없었다. 다음 달이면 안정적인 월급이 나올 것이라는 암묵적인 믿음이 있었으니까. 지금 같은 호황이 언제까지나 지속될 것만 같은 환상에 빠져 지내던 시절이었다. 그러니 적어도 경제적인 부분에서만큼은 미래에 대한 불안함이 현저히 적었던 것이다. 대학을 졸업하면 당연히 취업은 되는 것이고, 시간이 지나면 남부럽지 않은 아파트 하나, 승용차 하나 정도는 당연하게 마련할 수 있다는 믿음이 있었던 시절이었다.

하지만 지금은 어떤가? 택시 앞에서 '따불'을 외치기는커녕 술 한 잔마시는 것도 부담스러워 하는 형편이다. 그뿐인가? 취업은 하늘에서 별

따기고, 취업이 되어도 별반 달라지는 것은 없다. 1997년 외환위기 이후, 기업의 구조조정은 특별한 일이 아니라 연례행사처럼 일어나는 일상이 되어 버렸다. 그러니 지금 월급을 받고 있다 해도 언제 잘릴지 모른다는 불안감을 항상 떠안고 살 수밖에 없다. 이게 현실이다. 그러니 불확실한 미래에 대한 불안감이 더욱 커질 수밖에 없는 것은 너무 당연하다.

이제 우리가 돈이 없을 때 불안감에 시달리는 이유를 알 것 같다. 그토록 원하는 좋은 직장에 취업을 했다고 해도 미래에 대한 불안감이 사라지지 않는다. 그러니 우리가 어찌 불안감에 시달리지 않을 수 있을까?

1997년이 남긴 사회적 상처는 '신자유주의'다. 극단적 경쟁을 부추기는 이 신자유주의라는 자본주의 형태는 불확실한 미래에 대한 불안감을 더욱 증폭시켰다.

4 ··· 야만의 시대,
불안해하지 않을 용기

──── 우리 탓이
아니다

"서양(유럽) 사람들의 특징이 행복하지 않으면 나라
탓을 해요. 그런데 아시아 쪽에서는 행복하지 않으면 스스로를 탓해
요. 내가 열심히 일하지 않았기 때문에, 내가 열심히 공부 안 했기 때
문에 그래서 불행하다고 생각하는 것 같아요. 우리(유럽 사람들)는
'나는 행복할 수 있는데 나라가 잘못했다'라고 말해요. 그래서 우리는
데모(파업, 시위) 같은 것도 굉장히 많이 해요."

〈비정상회담〉이라는 TV 프로그램에서 벨기에 청년 줄리안이 한 이야
기다. 조금 거칠기는 하지만 아주 의미 있는 이야기다. 불안이란 근본적

으로 어떤 문제에 대해서 자신이 도저히 감당할 수 없을 것 같을 때 엄습해 오는 부정적인 감정이다. 돈이 없을 때 불안해지는 것도 마찬가지다. 돈이 없다면 막연한 미래에 발생할 여러 가지 일들을 감당할 수 없을 것이라 여김으로써 강박적 불안감을 갖는다.

이쯤에서 '국가는 무엇인가?'라는 질문을 숙고해볼 필요가 있다. 우선 이것부터 분명히 하자. 미래는 원래 불안정하고 불확실한 것이다. 또한 미래의 불확실성, 불안정성은 한 개인이 통제할 수 있는 문제가 아니다.

그렇다면 국가라는 공동체가 생기기 전 인간의 삶은 어땠을까? 불안의 연속이었을 것이다. 야생동물의 습격, 자연재해, 옆 부족의 약탈 등등 돌발 상황은 혼자이거나 소수인 사람들이 어찌 할 수 있는 문제가 아니었다. 불확실하고 불안정한 갖가지 돌발 상황은 여지없이 불안을 만들어낼 수밖에 없다.

인간에게는 많은 욕구가 있지만 그중 가장 강력한 것이 바로 안정을 지향하고자 하는 욕구다. 불안정하고 불확실한, 그래서 끊임없이 불안을 야기하는 미래를 통제하고 싶다는 욕구는 인간이라면 누구나 갖고 있다. 바로 이 욕구, 미래의 불안정을 최소화하려는 욕구를 충족시키기 위해 공동체라는 것이 출현했다. 그리고 그 공동체가 오늘날까지 진화한 것이 바로 국가라는 형태이다. 국가의 기원에 관해서는 많은 이론이 있지만, 본질적으로 국가는 혼자 혹은 소수로서는 감당할 수 없는 미래의 불안을 덜기 위해 발생한 공동체라고 볼 수 있다.

그런데 지금 우리가 처한 상황은 뭔가 좀 이상하다.

국가라는 테두리 안에 살고 있음에도 불구하고 매일매일 불안감에 시달리고 있다. 우리는 결코 적지 않은 세금을 내고, 거의 무료로 국방의 의무까지 수행하고 있다. 이건 국가라는 공동체를 유지하기 위한 우리의 희생이다. 그렇다면 국가는 우리에게 무엇을 해주어야 하나? 부유함까지는 아니더라도 최소한의 생계와 안전에 대한 문제만큼은 걱정하지 않게 해주어야 한다. 너무나 당연한 이야기 아닌가? 그렇지 않다면 국가가 도대체 왜 필요하단 말인가.

하지만 지금 우리에게 국가는 무엇인가? 취업난으로 불안해하고 있는 대학생들에게 집권 여당의 대표라는 사람이 "안타깝지만 어쩔 수 없다"는 이야기나 하고 있다. 법원은 하루아침에 직장을 잃어 생계 문제로 불안에 떨고 있는 사람들에게 "그건 원래 사장 맘대로 하는 거야"라며 이야기하는 것이 작금의 현실이다. 그뿐인가? 심지어 생때같은 아이들이 바로 눈앞에서 차디찬 바다에 가라앉고 있을 때, 국가는 단 한 명의 아이도 구하지 못했다. 이런 국가를 정말 국가라고 할 수 있을까? 아니,

그런 국가를 위해 세금을 내고, 군대를 가야 하는 걸까?

 지금 한국이란 국가는 권력 있고 돈 있는 사람들이 힘도 돈도 빽도 없는 사람들을 합법적으로 착취하기 위한 수단 그 이상으로 보이지 않는다. 줄리안의 말이 옳다. 우리는 행복할 수 있는데 나라가 잘못해서 행복할 수 없는 것이다. 적어도 생존과 생계의 문제 때문에 불안하지 않아야 하는데, 국가의 잘못으로 부당한 불안을 강요받고 있는 것이다.

 어쩌면 피 같은 세금을 내면서도 당당하게 자신의 권익을 요구하지 못하고 있는 우리 어른들의 잘못일지도 모른다. 정당한 우리의 권익을 요구해야 한다. 거창하게 말하지 말자. 끊임없이 불평불만 해야 한다. 우리가 처해있는 부당함에 대해 소리 내야 한다. 그게 민주주의다. 4대강을 뒤집어 파느라 강바닥에 혈세를 퍼부은 한 나라의 대통령이 "남을 탓하기 전에 먼저 자기 탓을 하라"고 말했다. 국가를 탓하지 말고 자신의 무능력을 탓하라는 이야기다. 그 말을 듣고 내가 느낀 감정은 분노가 아니라 황당함이었다. 남 탓을 하지 말라니, 그게 왜 남 탓인가? 내가 고생해서 번 돈으로 세금을 낸 내 나라에 대해 불만을 토로하는 것이 어찌 남 탓인지 나는 지금도 여전히 잘 모르겠다. 경제 대통령의 깊은 뜻을 이해하기에 아직 나는 멀었나 보다.

야만의
시대

정부는 '소극적으로는 국민의 불안을 방치하고, 적극적으로는 국민의 불안을 조장'한다. 신자유주의라는 그럴듯한 명분을 앞세워 사회 안정망을 점점 없애가고 있는 것이 바로 지금의 정부다. 그렇게 국가는 국민들의 불안을 방치하고 조장한다. 철도를 민영화하고, 의료 산업을 민영화하며, 기본적인 사회 안정을 담보하는 복지를 포퓰리즘이라고 몰아세울 때, 국가는 우리에게 이렇게 말하고 있는 셈이다.

"살 길은 각자 알아서 찾아라!"

이전에도 약자와 소수자를 보듬지 않고 각자 도생하는 시대가 있었다. 언제? 바로 문명화된 공동체가 생기기 전, 무자비한 야만의 시대다. 강자는 강하다는 이유로 약자를 무자비하게 약탈하고, 다수는 다수라는 이유로 소수를 참혹하게 억압하는 야만의 시대 말이다. 약자와 소수자를 보듬지 않고 그들의 편에 서지 않는다면, 국가는 더 이상 문명이 아니다. 야만이다.

혹자는 "원래 세상은 약육강식의 정글 아니야?"라고 말할지도 모르겠다. 진심으로 묻고 싶다. 그런 야만적인 약육강식의 정글을 만들기 위해 우리가 공동체를 만들어 함께 사는 것이냐고. 인간이 처음으로 문명을 만들고 공동체를 만든 이유는 야만적인 약육강식의 논리가 작동하는 정글로부터 인간들끼리 서로 보듬고 인간답게 살기 위해서였다. 그것이 진보든 보수든, 좌든 우든, 상관없는, 공동체의 근본적인 존재 이유인 것이다.

결국 우리가 돈이 없을 때 불안해하는 이유는 야만으로 회귀하는 '신자유주의 정부'의 영향이 매우 크기 때문이었다. 불안의 원인을 찾았으니, 이제 해결책을 찾아볼 차례다.

돈에 관한 불안에서 벗어나는 방법을.

─── 투덜이가 되자

돈이 없을 때 불안한 감정이 드는 것 자체도 문제지만 사실 그보다 더 심각한 문제가 있다. 돈에 관한 불안감이 커지면 커질수록 '먹고살 수만 있다면 다행이다'라는 소극적 행복에 머물게 된다는 사실이다. 생각해보자. 돈이 없어서 극심한 불안감을 안고 사는 사람이 과연 적극적 행복을 찾아 떠날 수 있을까? 이미 우리는 먹고살 수만 있으면 다행이라는 '소극적 행복'에 빠져 있는 것인지도 모르겠다. "행복하냐"는 질문에 많은 사람들이 "먹고살 만은 합니다"라고 대답하니까 말이다.

우리 삶의 행복은 그저 먹고사는 '소극적 행복'에 있지 않다. 하고 싶은 일들을 향유하면서 사는 '적극적 행복'을 누리는 것에 우리의 진짜 행복이 있다. 돈에 관한 강박이나 불안이 우리를 불행하게 만드는 진짜 이유는 그것이 우리를 영원히 '소극적 행복'에 머무르게 만들기 때문이다. 그러니 어떤 식으로든 최대한 빨리 돈에 관한 강박이나 불안을 극복해내야 한다. '적극적 행복'을 찾을 엄두라도 낼 수 있기 위해서 말이다. 그렇다면 불안을 어떻게 극복할 수 있을까?

기본적인 태도는 끊임없이 불평하고 불만을 표시하는 것이다. 포기하지 않고 끝까지 투덜거려야 한다. 조금 더 구체적으로 말해보자. 우선 기본적인 사회 안정망을 구축하지 않는 정부에 대해 비판하고 자신의 의사를 분명히 전달해야 한다. 방법은 각자의 사정에 맞춰서 하면 된다. 시위를 할 수 있는 사람은 시위를, 시위가 여의치 않은 사람은 정당 활동이나 투표 등으로 자신의 의사를 분명히 전달하면 된다. 할 수 있는 한도 내에서 분명하고 단호하게 우리의 이야기를 해야 한다.

너무 커다란 이야기처럼 들릴지도 모른다. 그러나 행복은 한 개인의 노력만으로는 절대 성취할 수 없다. 내가 잘 살아도 내 이웃, 내 친구, 내 가족이 불행하다면 행복할 수 없는 게 인간이다. '공동체의 행복'을 이끌어내기 위해서는 '공동체'를 바꾸기 위한 노력이 필요한 것이다. 앞서도 말했지만, 이미 우리는 죽을 정도로 열심히 살고 있다. 이토록 노력하면서 살고 있음에도 불구하고 기본적인 생계나 생존의 문제 때문에 행복하지 않다면 그건 개인의 잘못이 아니다. 명백히 국가와 정부의 책임이다. 평생을 근면하게 살아온 사람조차 경제적으로 궁핍한 삶을 살수밖에 없는 사회는 정상이 아니다. 열심히 살고 있지만, 돈에 관한 불안으로부터 벗어나고 있지 못하다면, 그 책임은 국가에게 묻자. 우리의 책임이 아니다. 잊지 말자. 지금 겪고 있는 돈에 대한 강박이나 불안은 국가라는 공동체가 건강하게 잘 운영되기만 해도 현저히 그 강도가 줄어들 것이라는 사실을 말이다.

───── 어떻게든
살아진다는 것

우리 내면에 존재하는 돈에 대한 강박과 불안의 상흔도 털어내야 한다. 이것은 '돈을 많이 벌어야 한다'가 아니라 '돈으로부터 자유로울 수 있어야 한다'는 뜻이다. 나는 예전에 비해 돈에 대한 강박이나 불안이 훨씬 덜하다. 어떻게 그 강박과 불안을 극복했을까? 역설적이게도 돈을 쓰면서 강박이나 불안을 극복했다. 궤변이 아니다. "돈을 쓰려고 해도 뭐가 있어야 쓸 것 아니야?"라고 말하는 사람도 있을 것이다. 하지만 엄살 부리지 말자. 우리 조금만 정직해져 보는 건 어떨까?

나는 직장을 그만두고 나서 한동안은 돈에 관한 강박이나 불안이 아주 심했다. 매달 꼬박꼬박 나오던 월급이 끊겨서 통장 잔고가 하루가 다르게 줄어들었기 때문이다. 그런데 어느 순간 통장 잔고를 보며 불안해하는 내 모습에 짜증이 났다. 그날 미친 척하고 영상 제작을 하고 싶어 하던 친구에게 100만 원이 훌쩍 넘는 캠코더를 사줘 버렸다. 평소 고마웠던 사람들에게도 돈을 썼다. 그리고 남은 돈은 8만 원이었다. 직장을 그만두고 돈이 없다는 엄살을 부리는 대신 그나마 내가 가진 돈을 모조리 다 써 버린 것이다. 그리고 통장 잔고를 볼 때마다 불현듯 터져 나오는 불안감을 참아보기로 했다. 참으며 살다 보니 어찌어찌 돈을 조금씩 벌게 되기도 하고, 돈이 없으면 적게 쓰기도 하면서 분명히 알게 된 점이 있다.

돈이 없어도 어떻게든 살아진다는 것.
이 깨달음은 놀라운 경험이었다. 생계에 위협 받을 정도가 아니라면 돈이 없다는 사실에 그렇게 불안해할 필요는 없다. 그때그때 자신이 할 수 있는 일들을 포기하지 않고 해 나가다 보면 어떻게든 살아지니까. 불안이 만들어낸 미래에 대한 안 좋은 상상은 허상일 경우가 많으니까. 엄살 부리지 말자. 우리의 상상보다 괜찮은 삶이다.

돈을 쓰는 자유가 아닌
돈으로부터의 자유

나는 그 소중한 경험 덕분에 돈에 관한 강박이나 불안으로부터 훨씬 자유로워졌다. 물론 지금도 전혀 불안하지 않거나 전혀 걱정이 없는 건 아니다. 하지만 이제 불안, 걱정을 스스로 통제할 수 있다. '지금 할 수 있는 일을 하면 밥은 먹고 살 수 있다'는 자신감 같은 것이 생겼다. 돈에 관한 강박이나 불안에서 벗어나지 못하는 이유는 돈이 일정 정도 없어지는 빈곤의 상태를 경험할 수 없기 때문인지도 모른다. 늘 통장 잔고를 확인하며 안도하는 사람은 결코 돈에 대한 강박과 불안에서 자유로울 수 없다. 돈이 없을 때 느껴지는 불안을 고스란히 감당하면서도 일정 기간 삶을 꾸려 나갈 수 있다면 상황은 달라진다.

자발적 빈곤의 경험을 딱 한 번만이라도 할 수 있다면, 돈에 관한 강박이나 불안은 현저히 줄어들 것이다. 마치 그리도 무서워하던 번지점

프를 한 번만 하고 나면 아무것도 아니라는 사실을 깨닫게 되는 것처럼. 그때 우리는 분명히 알게 된다. 삶을 유지하는 데 그다지 많은 돈이 필요한 것도 아니고, 그 정도의 돈은 우리가 할 수 있는 일을 하면서 충분히 벌 수 있다는 사실 말이다. 그 사실을 깨닫는 것(머릿속으로 아는 것이 아니라 몸으로 깨닫는 것이 중요하다)이 바로 스스로에 대한 믿음, 곧 자신감일 테다. 그런 자신감이 생겼을 때 '돈을 쓰는 자유'가 아니라 '돈으로부터의 자유'를 얻게 된다.

'돈으로부터의 자유'를 얻게 될 때 비로소 돈에 관한 불안을 통제할 수 있다. 바로 그때 새로운 삶의 지평이 열리게 된다. '소극적 행복'에 안주하는 삶이 아니라 진짜 행복을 만끽할 수 있는 '적극적 행복'으로 다가설 수 있는 능력과 용기를 얻게 될 테니까 말이다.

빈곤에 빠지지 않는 것을 다행이라고 여기는 것이 행복이라면 삶이라는 것이 얼마나 초라한 것일까? 단 한 번뿐인 인생, 그것도 끽 해봐야 100년도 채 살지 못할 우리 인생에서 진짜 행복은 '이 정도면 충분해'라는 '소극적 행복'이 아니라 '이보다 더 좋을 수는 없어'라는 '적극적 행복'이 되어야 하지 않을까?

물론
여전히
우리는 부자를 꿈꾼다.
그런데,

5 ···   우리는 부자가
          될 수 있을까?

부자를 꿈꾸지 않는 사람이 있을까? 넓고 화려한 집에서 살고, 근사한 옷을 입고, 명품 백을 마음껏 사고, 고급 외제 차는 서너 대쯤 갖고 있는 부자를 한 번쯤 꿈꿔봤을 것이다. 하지만 꿈은 꿈일 뿐이다. 대다수의 사람들은 당장 다음 달의 생활비, 갚아야 할 대출금에 쪼들리며 살고 있으니까. 아니, 어쩌면 그런 **빡빡**하고 암울한 현실 때문에 우리는 더욱 부자를 꿈꾸는 것인지 모른다. 지금의 구질구질한 삶이 아니라 화려하고 여유 있어 보이는 부자의 삶을 말이다.

우리는 부자가 될 수 있을까? 부자 할아버지 혹은 부자 아버지가 없다면, 혹은 복권에 당첨되지 않는 이상 거의 불가능할 것이다. 더군다나 평범한 월급쟁이라면 사실상 불가능에 가깝다. 비관적인 게 아니라 현실이 그렇다. 대출금 갚으랴, 아이들 키우랴, 노모에게 생활비 보내주랴 부자는 고사하고 항상 경제적으로 쪼들리며 살 수밖에 없다. 지금 우리는 그런 삶을 살고 있다. 부유해지기를 원하지만, 현실적으로 이뤄지기 어려운 조건 속에서 삶을 살아가고 있는 것이다.

그렇다면 우리에게 부자가 될 가능성은 전혀 없는 것일까? 칼 마르크스^{Karl Heinrich Marx}는 부(富)라는 것에 대해 아주 재미있는 설명을 한 적이 있다. 그는 부라는 것을 '경제적인 부'와 '실질적인 부'로 나누어 생각해야 한다고 말했다. 여기서 '경제적인 부'라는 것은 처분 가능한 경제적인 자원의 양을 의미한다. 쉽게 말해, 지금 당장 팔아서 돈으로 만들 수 있는 집, 자동차, 냉장고 등의 자원을 말하는 것으로 일반적으로 우리가 생각하는 부다.

주목해야 할 것은 마르크스가 말한 '실질적 부'라는 개념이다. '실질적인 부'란 필요한 노동시간 이외의 가처분시간을 뜻한다. 여기서 필요한 노동시간이란 우리가 먹고살기 위해 돈을 버는 시간이다. 그러니까 우리가 돈을 버는 데 사용하는 시간 이외에 자기 마음대로 사용할 수 있는 가처분시간이 바로 실질적인 부라는 이야기다.

이에 따르면 아주 기묘한 반전이 발생한다. 부자들은 가난한 사람이 되고 가난한 사람은 부자가 되어버리는 것이다.

지인 중에 대기업 임원이 한 명 있다. 그는 일반 월급쟁이와는 비교도 안 되는 많은 돈을 번다. 하지만 그는 하루에 12시간 넘게 직장에 매여 있고, 주말에도 가족들과 여행은커녕 항상 출근 준비를 해야만 하는 삶을 살고 있다. 반면 꽤 좋은 외국계 기업에 들어갔지만, 이내 직장을 그만두고 세계일주를 다녀온 친구가 있다. 그는 자신의 경험이 담긴 책을 썼고, 자신이 가진 재능을 활용해 프리랜서의 삶을 살고 있다. 외국계 기업에 다닐 때만큼 벌지는 못하지만, 자고 싶을 때 자고 일하고 싶을 때 일하며 평일에도 여자친구와 여행을 갈 수 있을 정도로 자유롭게 살고 있다.

누가
'진짜 부자'일까?

사람들은 둘 중에 누가 더 부유하다고 생각할까? 대부분이 임원을 '진짜 부자'로 믿고 있을 것이다. 좋은 차, 좋은 집에 억대 연봉도 받고 있으니까. 하지만 임원이 부자라는 것은 어디까지나 '경제적인 부'의 관점으로 보았을 때만의 이야기다. '실질적인 부'의 관점에서 임원의 삶을 재해석하면 그는 가난하기 짝이 없는 사람이 된다. 하루 종일 직장에 매여 있고 주말에도 자신이 마음대로 할 수 있는 시간이 거의 없는 셈이니까. 본인 마음대로 사용할 수 있는 가처분시간이 없다는 측면에서 그는 분명 아주 가난한 사람이다.

하지만 직장을 때려치운 내 친구는 다르다. 넉넉하지 않고 안정적이지도 않지만 생계를 꾸려 갈 정도의 돈은 벌고 있다. 게다가 그는 마음대로 사용할 수 있는 시간이 많다. 그것도 아주 많다. 생계를 유지하기 위해 필요한 돈을 버는 일정 시간을 제외하면 대부분의 시간을 자기 마음대로 쓸 수 있다. 그는 '경제적인 부'자는 아닐지 모르지만, '실질적인 부'자는 맞다. 단언컨대 타임머신을 타고 임원과 내 친구를 마르크스 앞에 데려다 놓을 수 있다면, 그는 친구가 더 부자라고 말할 것이다.

이런 이야기를 단순한 말장난이라고 여길지도 모르겠다. 하지만 곰곰이 생각해보자. 우리는 왜 부자가 되려고 할까? 통장에 '0'이 몇십 개 찍힌 통장을 원하는 것일까? 아니면 돌고 돌아 더럽기 그지없는 돈이라는 종잇조각을 집에 잔뜩 쟁여 놓기 위해서일까? 부자가 되고 싶은 이유는 의무로 가득 찬 노동시간을 줄이고 원하는 곳에 원하는 만큼의 시간을 자유롭게 사용하기 위해서 아닌가? 그런 '실질적인 부'를 얻기 위해서 부자가 되려는 것이 아닌가?

우리에게 중요한 것은 돈, 그 자체가 아니다. 바로 시간이다. 돈이 필요한 이유는 우리가 원하는 장소에서 우리가 원하는 일을 하면서 시간을 보내기 위해서다. 그런데 지금 우리는 주객이 전도된 채로 살고 있다. 때때로 돈을 왜 버는지조차 모른 채 그저 벌어야만 한다는 강박 때문에 기를 쓰며 산다. 때때로 아무 근거 없는 미래의 불안을 달래기 위해 소중한 시간을 모조리 돈을 버는 데 헌납하고 있는 것이다. 그렇게 우리는 '경제적인 부'자가 되기 위해 애쓰느라 '실질적인 부'를 낭비하면서 가난한 사람이 되어 가고 있다.

부자,
될 수 있으면 되자!

조금 더 현실적인 이야기를 해보자. '실질적인 부' 그러니까 가처분시간을 가지려고 해도 자본주의 체제에서는 최소한의 '경제적인 부' 즉 돈이 있어야 한다. 돈 없이 원하는 곳에서 원하는 만큼의 시간을 마음껏 쓰라는 말은 하나마나 한 이야기다. 아니 우리를 분노하게 하는 소리다. 돈이 있어야 시간도 쓸 수 있는 시대를 살고 있으니까. 그래서 나는 '부자가 되고 싶다'고 말하는 사람들에게 항상 말한다. 부자, 되시라고. 노력해서 '경제적인 부'자가 될 수 있다고 생각하는 사람은 그렇게 하시라고 말한다. '실질적인 부'를 누리기 위해서는 어느 정도의 '경제적인 부'는 필요하니까.

문제는, '경제적인 부'자가 되는 게 결코 쉽지 않은 시대라는 것이다.

　보통의 사람들이 노력한다고, 열심히 산다고 해서 '경제적인 부'를 원하는 만큼 쌓을 수 있는 시대가 아니다. 악착같이 노력해서 '경제적인 부'자가 될 수 있을지도 모르지만, 대신 낮에 일하고 밤에도 일하고 주말에도 일해서 돈 쓸 시간이 없을 정도여야 할 것이다. 그렇게 살면 부자가 될 수 있을지도 모르겠다.

　가장 싫어하는 이야기가 하나 있다. '돈은 일하느라 쓸 시간이 없어야 모인다'는 이야기다. 이런 이야기로 행복해질 수 있는 사람은 소수의 예술가나 자신의 일을 정말 좋아하는 특정한 몇몇 사람들뿐이다. 평범한 우리에게 일은 언제나 고초고 고욕일 뿐이다. 그러니 평범한 우리에게 '돈은 일하느라 쓸 시간이 없어야 모인다'는 이야기는 결국 충분한 돈이 모일 때까지 언제까지고 계속해서 고초와 고욕 속에서 살라는 이야기와 다름이 없다.

　좋다. 그렇게 악착같이 돈을 모으는 삶을 선택했다 치자. 그 삶은 어떨까? 평범한 직장인은 언제쯤 충분한 돈을 모을 수 있을까? 모르긴 몰라도 무난하게 직장 생활을 한다고 가정했을 때 대기업 임원 정도나 되어야 가능할 것이다. 그 전까지는 대출 갚으랴, 아이들 키우랴 버는 만큼

지출이 있어서 돈이 쉬이 모이지 않을 것이다. 자, 이로써 직장인이 충분한 '경제적 부'를 모으기 위해 임원이 될 때까지 오랜 시간 동안 고초와 고욕의 시간을 보내야 한다는 결론에 도달한다. 이것은 긴 시간 내내 직장에 매여 일만 하느라 '실질적'으로 한없이 가난한 삶을 살라는 이야기와 다르지 않다.

이는 우리가 처한 곤경의 본질이다. 가진 것 없이 몸으로 일해서 돈을 벌어야 하는 우리가 '경제적인 부'를 이루기 위해서는 '실질적인 부'를 포기해야 한다는 의미이다. 게다가 그 '경제적인 부'라는 것도 돈 많은 부자들에 비하면 턱없이 모자라는 것이다. 그 알량한 '경제적인 부'를 이루려고 우리의 가처분시간인, '실질적인 부'라는 소중한 자산을 탕진할 수밖에 없다. 서글픈 역설이다. '경제적인 부'자가 되기 위해 '실질적'으로 한없이 가난한 사람이 될 수밖에 없다는 것이. 주위의 바쁜 의사, 임원, 변호사와 같은 '경제적인 부'자들만 봐도 이 사실을 적나라하게 알 수 있다.

아버지가 엄청난 자산가가 아니라면, 어느 날 로또에 당첨되지 않는다면, 우리가 바라는 '경제적인 부'를 누리는 동시에 '실질적인 부'까지 누리는 일은 발생하지 않을 것이다. 가진 것이라곤 몸뿐인 사람들은 언제나 시간을 써서 돈을 벌 수밖에 없다. '경제적인 부'자? 될 수 있으면 되자. 말처럼 쉽지 않겠지만. '몸을 써서 노동하지 않고 돈이 다시 돈을 버는 것'을 합법적으로 인정하는 자본주의 체제에서 평범한 우리가 그 두 가지 부를 동시에 만족하는 것은 애초에 불가능에 가깝다.

하지만 너무 억울해 할 것은 없다. 운 좋게 이미 '경제적인 부'자가 되었다고 해서 '실질적인 부'자가 될 수 있는 것은 아니니까. 죽을 때까지 쓰고도 남는 돈을 모아놓고도 더 많은 돈을 벌기 위해 기를 쓰는 사람들이 주위에 너무 많다. 이런 스크루지 영감 같은 사람들은 악착같이 모은 돈을 자신이 원하는 일에, 원하는 시간만큼 사용할 수 없을 것이다. 너무 자명한 일이다. 좋아하는 일에 가처분시간을 사용하고 싶어도 돈 버는 일만 하느라 정작 자신이 무엇을 좋아하는지 모를 테니까. '실질적인 부'와 '경제적인 부'가 항상 일치하는 것은 아니다. 그래서 세상은 나름 공평하다.

———— 희망은 있다
우리도 될 수 있다

상황이 다소 암울하고 척박하기는 하지만 희망은 있다. 우리도 부자가 될 수 있다! '경제적인 부'를 조금 양보하고 '실질적인 부'에 조금 더 욕심을 내면, 보다 손쉽고 보다 윤택한 삶을 사는 '실질적인 부'자가 될 수 있다. 나는 '경제적인 부'와 '실질적인 부' 사이에서 가능하면 '실질적인 부'를 선택하는 삶을 살고 싶다. 그것이 바로 행복한 삶이라고 생각하기 때문이다.

'경제적인 부'의 치명적인 함정은 한계가 없다는 것이다. 이제껏 돈을 벌고 싶다고 말하는 사람 중에 구체적인 액수를 말하는 사람을 거의 만난 적이 없다. 그들은 항상 돈에 대해서는 다다익선이다. 굳이 말하라고 하면 그들은 애초에 닿을 수도 없는 100억, 1,000억 같은 액수를 말하곤 한다.

그 누구도 '경제적인 부'를 충분히 모을 수는 없다. 10억이 있는 사람은 100억을 모으려고 할 테고, 100억이 있는 사람은 1,000억을 벌려고 하기 때문이다. '10억만 있으면 좋겠다'고 말하는 사람도 막상 10억이 생기면 100억을 벌고 싶다는 탐욕에 허우적거리게 마련이다. 이것이 지금 우리 시대의 남루한 자화상이다.

앞서 말했듯 평생 쓰고도 남을 '경제적인 부'가 있다고 하더라도 그것이 '실질적인 부'를 담보하지는 않는다. 현명하게 '실질적인 부'자가 되어야 한다. 필요한 최소한의 노동시간만 일하고 나머지는 우리 마음대로 할 수 있는 시간을 더 많이 확보해야 한다. 정말 행복한 삶을 살고 싶다면 여기에 사활을 걸어야 한다.

진짜 부자는 '실질적인 부'를 많이 가진 사람이다.

입만 열면 유럽 여행을 가고 싶다고 말하는 친구가 있었다. 부자가 되면 가족들과 유럽 여행을 꼭 갈 것이라고 입버릇처럼 말했다. 그런데 그는 아마 환갑이나 돼야 유럽 여행을 갈 것 같다. 솔직히 그때라도 가면 다행일 것이다. 반면 맞벌이하다가 한 명은 직장을 그만두고 또 한 명은 휴직을 한 커플을 알고 있다. 그들은 도심의 아파트에서 외곽의 빌라로 이사를 한 뒤에 그 차액으로 한 달간 가족들과 함께 유럽 일주를 했다. 둘 중 누가 더 부자일까? 누가 더 행복한 삶을 살고 있는 것일까?

나는 '경제적인 부'를 '실질적인 부'로 전환하여 당장 유럽 여행을 떠난 사람이 더 부자고 더 행복한 사람이라 믿는다. 부자가 되려는 이유가 결국 유럽 여행을 가는 것이라면, 일단 유럽 여행을 가버리면 당장 '실질적인' 부자가 되는 것 아닌가? 이것은 무책임한 것도, 대책 없이 사는 것도 아니다. 자기만의 확고한 철학을 가진 아주 지혜로운 사람이다. '여행 갔다 와서는 어찌 살지?', '빌라에서 사는 것이 불편하지는 않을까?'라는 걱정에서 벗어날 수 없는 사람의 끝은 안 봐도 비디오다. '경제적인' 부자도 '실질적인' 부자도 되지 못하고 어정쩡하게 돈만 벌다가 좋은 세월 다 보내고 늙어버릴 것이다.

'경제적인 부'가 충분히 없더라도, 우리는 '실질적인 부'자가 될 수 있다. 우리에게 필요한 노동시간을 정하고 그것을 삶에서 관철시킬 수 있다면 가능하다. '항상 더 많이, 더 많이 벌어야 해'라는, 미쳐버린 자본주의의 목소리에서 자신만의 삶의 속도와 시간을 지켜낼 수 있다면 가능하다. 그런 자신만의 철학이 있다면 가능하다. 이를테면 "이번 주 야근해, 야근하면 수당이 1.5배야"라는 사장의 요구에 "아뇨. 일찍 퇴근해서 아이들과 산책할 거예요"라고 말할 수 있고, "주말에 장사하면 매출이 30% 더 오를 거야"라는 유혹에 "아니 주말에는 좋아하는 연극을 보러 갈 거야"라고 말할 수 있으면 된다.

'경제적인 부'자들을 부러워할 필요 없다. 그들은 돈을 버느라 아이들과 산책도, 주말에 여유롭게 연극 한 편도 편히 못 보는 삶을 살 가능성이 아주 높을 테니까. 어떤 부자가 되어야 할까? 우리는 어떤 부자가 되고 싶은 걸까? 인생에 정답은 없다. 자신이 원하는 생활, 원하는 삶을 선택하자. 물론, 쉽지만은 않다. 당장 나의 생활, 가족들, 주변사람들, 그 외 다른 여러 가지 현실적인 여건들까지 고려하면 둘 중 하나를 쉽사리 선택하지 못할 것을 잘 안다.

자, 지금부터 여러분의 선택에 도움이 될지도 모를, '부'에 관한 이야기를 조금 더 해볼까 한다.

6 ··· 돈과 자유, 그 불편한 진실에 대하여

——— 돈과 자유의 상관관계

"진규야, 어디 돈 좀 벌 거 없냐? 너네 회사 상장 하던데 그 주식을 좀 사볼까?"

"멀쩡히 직장 잘 다니는데 뭔 돈이 또 필요하냐?"

"야! 그 돈 벌어서 언제 돈 모으냐?"

"대체 돈 벌어서 뭐하려고?"

"일단 직장 그만두고 프리하게 살아야지, 여행도 다니고."

친구와의 대화였다. 우리 모두는 돈을 벌고 싶다. 우리는 자유롭게 살 기 위해 돈을 벌고자 한다. 좋아하는 취미도 자유롭게 하고, 어느 날 아침 갑자기 배낭여행을 가고 싶다면 자유롭게 훌쩍 떠날 수 있도록.

돈 많은 사람들은 여행을 떠나고 싶을 때 프랑스 파리나 미국 뉴욕으로 훌쩍 떠난다. 우리는 '나도 언젠가 돈을 많이 벌면 저렇게 자유롭게 살고 싶다'라는 말을 되뇌면서 그들을 부러움의 눈길로 바라볼 수밖에 없다.

돈이 충분히 많으면 어느 정도 자유로워질 수 있다. 적어도 돈이 충분히 있으면 일단 지긋지긋한 사무실에 아침부터 밤까지 매여 있는 일은 없을 것이다. 자본주의 체제에서 돈은 일정 수준의 자유를 보장한다.

문제는 자유가 충분히 보장될 만큼의 돈을 벌기 힘들다는 사실이다.

열심히 노력해서 부자가 되려는 사람들에게 미리 초를 치려는 게 아니다. 삶의 조건을 조금 냉정하고 객관적으로 보자는 이야기다. 물려받은 재산도 딱히 없고, 오직 몸과 시간을 써서 돈을 벌어야 하는 임금 노동자들을 생각해보자. 그들이 열심히 일을 하면, 원하는 만큼의 자유를 구가할 수 있는 액수의 돈을 벌 수 있을까? 물론 소수는 혈혈단신으로 시작해서 엄청난 부를 거머쥘 수 있을지도 모른다. 하지만 우리가 그 소수가 될 확률은 아주 낮다. 우리는 모두 특별하지만 결코 예외적이지는 않으니까.

돈과 자유의
거래관계

평범한 사람들이 자유롭기 위해 돈을 벌려고 하면 할수록 오히려 자유를 더 박탈당하는 역설에 갇힐 수밖에 없다. 직장 생활을 햇수로 7년을 하면서 확실히 하나 배운 것이 있다. 돈을 많이 주는 곳은 주는 만큼 부려먹는다는 것이다. 자유롭게 살고 싶어 직장을 다녔으나 "보고서는 언제 되냐?", "자리 비우지 마라", "책상 정리정돈 잘 해라"라는 이야기를 들으며 자유를 박탈당할 수밖에 없었다.

"그래도 퇴근 후나 주말에는 온전히 자유를 누릴 수 있는 것 아니냐?"고 강변하는 사람도 있다. 완벽히 자유로운 삶은 애초에 존재하지도 않으니 직장에서 자유를 박탈당하더라도 나머지 시간에 자유로운 삶을 살면 되는 것 아니냐는 이야기다. 동의하지만 자유라는 가치는 시간이란 자원과 분리해서 생각할 수 없다는 점을 깊이 숙고해봐야 한다.

자유는 정확하게 우리가 마음대로 할 수 있는 시간의 양이다.

그리고 여기에 함정이 있다.

돈이라는 것을 쓰기 위해서는 먼저 벌어야 한다는 사실이다. 자본주의 체제에서는 돈 없이 자유로울 수 없다. 그러니 돈이 없다면 먼저 자유를 일정 정도 포기하고 벌어야 한다. 그렇게 번 돈으로 다시 자유를 누릴 수 있는 것이다. 이것이 자본주의 내에서 돈과 자유의 악순환이다.

자유롭기 위해서는 돈을 벌어야 하고, 돈을 벌기 위해서는 자유를 박탈당해야 하는, 일종의 거래를 하는 셈이다. 자유를 돈과 맞바꾸는 거래 말이다.

——— 돈과 자유의
불공정거래

돈과 자유를 맞바꾸는 거래에는 '불공정하다'라는 심각한 문제가 도사리고 있다. 앞서 말했지만 자유는 시간이고, 자유를 누린다는 것은 내 마음대로 할 수 있는 가처분 시간이 있다는 의미이다. 그렇다면 지금부터 돈과 자유의 거래가 얼마나 불공정한지 한번 살펴보도록 하자.

직장에 따라 차이가 있겠지만, 대부분의 직장인은 출퇴근 시간까지 포함해 월요일부터 금요일까지 매일 아침 7시부터 저녁 9시까지 일을 한다. 하루에 거의 14시간의 자유를 박탈당하는 셈이다. 직장에 있는 동안 상사가 시키는 일을 할 뿐, 진정으로 자신이 원하는 일은 할 수 없다. 게다가 사장, 상사, 고객의 눈치까지 보아야 하니 그 시간을 어찌 자유롭다 할 수 있을까? 자유를 헌납한 대가로 돈을 벌며 평일은 지나간다.

하지만 우리에게는 주말이 있다. 드디어 주말이다. 정말 자유다. 온전히 우리가 원하는 일을 할 수 있는 시간이다. 드라이브를 즐기기도 하고, 백화점에서 마음껏 쇼핑을 할 것이다. 연인과 영화도 보고, 근사한 음식점에서 식사도 할 것이다. 그것뿐인가? 1년에 한 번 정도는 모아 둔 돈으로 해외여행을 다녀올 수도 있다. 이것은 분명 자유다. 돈이 주는 자유. 평일에 자유를 박탈당한 대가로 주말 혹은 휴가 동안 마음껏 돈을 쓰면서 자유를 만끽하는 것이다.

당연하게 여기는 이런 일상에 아무런 문제가 없는 것일까? 진정한 자유는 소비하는 '돈의 양'이 아니라 자유를 누리는 '시간의 양'이다. 그렇다면 자유를 누리는 '시간의 양'은 얼마나 될까? 주말에 쇼핑을 하고 데이트를 하고 외식하는 시간은 아무리 많아도 10시간을 채 넘기기 힘들다. 일주일을 기준으로 보자면 일주일 중 10시간의 자유를 위해서 평일 직장에서 일하는 70시간(5일×14시간)의 자유를 헌납하는 꼴이다. 이얼마나 불공정한 거래란 말인가? 일주일 중 대략 10시간의 자유를 위해 70시간의 자유를 포기해버리는 불공정 거래를 지속한다는 것은 어리석은 일일지도 모른다.

우리가 불공정한 거래를
할 수밖에 없는 이유

일단 개념부터 바로잡자. 이제껏 읊어왔던 '자유'란 엄밀히 말해 '소비의 자유'일 뿐이다. 우리는 언제 자유롭다고 느낄까?

백화점에서 갖고 싶은 물건을 마음껏 살 수 있을 때, 비싼 음식점에 마음대로 갈 수 있을 때, 우리는 자유롭다고 느낀다. 이처럼 우리는 소비하는 순간 자유를 느낀다. 어쩌면 우리는 '소비의 자유' 이외에 그 어떤 자유도 진정한 자유라고 받아들이지 못했기 때문에 돈과 자유의 불공정한 거래에서 빠져나오지 못하는 것은 아닐까.

직장은 대체로 우리의 자유를 박탈하는 고초의 장소다. 직장을 다닐 수밖에 없기 때문에 '나는 직장이 좋다, 의미 있는 일을 하고 있다'라며 자기최면을 걸 수는 있다. 하지만 직장은 우리의 자유를 박탈하고 그 대가로 돈을 주는 장소일 뿐이다. 그렇기 때문에 직장에서 늘 자유에 대한 결핍에 시달릴 수밖에 없다. 우리 대부분은 사장, 상사, 고객의 눈치를 더 이상 보지 않아도 되는, 내 멋대로 할 수 있는 삶을 꿈꾼다.

그리고 월급을 받아 지갑이 두둑해진 주말이면 억압되었던 자유에 대한 갈망을 해소할 수 있다. 직장에서 자유를 헌납한 대가로 받았던 돈이 있으니까. 우리는 이제 누구의 눈치도 보지 않고 백화점에서 쇼핑을 하며 자유를 구가할 수도 있고, 원하는 음식점에서 자유롭게 식사할 수도 있다. 심지어 휴가철이면 패키지여행 상품을 골라 손쉽게 자유로운 해외여행을 만끽할 수도 있다. 얼마나 매혹적인 일인가? 이것이 자유가 아니라면 또 무엇이 자유란 말인가?

하지만 심각한 문제가 남아 있다. 돈을 쓰는 동안에 우리는 누구보다 자유로운 사람이지만 돈을 다 써 버린 후에는 이야기가 전혀 달라진다. 백화점에서 잔뜩 쇼핑을 하고 나오면서, 고급 음식점에서 결제를 하고 나오면서, 해외여행을 마치고 한국으로 돌아오면서, 우리는 알 수 없는 어떤 불안감, 헛헛함을 느낀다. '소비의 자유' 뒤에 찾아드는 불안감과 헛헛함의 정체는 무엇일까? 우리는 직감하게 된다. 또 다시 쏟아지는 업무, 상사의 잔소리, 사장의 눈치, 진상 고객을 견뎌야 하는 곳으로 돌아가야 한다는 직감 말이다. '소비의 자유' 뒤에 찾아오는 불안감과 헛헛함의 정체는 바로 결코 틀릴 일 없는 이 직감에서 비롯된 감정이다.

근본적으로 시간을 써서 일해야 하는 임금 노동자에게 '노동'과 '소비의 자유' 사이에 공정한 거래가 이루질 리 없다. 임금 노동자는 '노동'을 통해 '임금'을 받게 되고, 그 임금을 통해 갖가지 '상품'을 구매함으로써 '소비의 자유'를 얻게 된다. 여기서 중요한 것은 우리의 '노동'으로 '소비의 자유'를 구가하기 위해서는 '임금'과 '상품'이라는 매개체를 거쳐야만 한다는 사실이다.

────── 돈과 자유,
        불공정거래의 불편한 진실

        '노동'과 '소비의 자유'의 불공정한 거래의 비밀은
바로 '임금'과 '상품' 사이의 관계에 있다. 자본주의 체제에서 기본적으
로 '임금'과 '상품' 사이에는 공정한 거래가 결코 이루어질 수 없다. 왜냐
하면 우리에게 임금을 주고 일을 시키는 자본(예를 들면 사장)은 '임금'
과 '상품', 그 사이의 차익을 통해 자신의 이윤을 축적하기 때문이다.

    우리가 요리사라고 가정해보자. 스파게티(상품) 1개를 만드는 데 들
이는 만큼의 노동시간을 통해 번 임금으로는 결코 스파게티 1개를 사먹
을 수 없다. 최소 1.5개 혹은 2개를 만드는 노동시간의 임금을 통해 스
파게티 1개를 사먹을 수 있다. 이것이 자신의 이윤을 축적하는 자본의
방식이고 자본주의가 구동되는 방식이다. 여기에 우리가 70시간을 일
하고 겨우 10시간의 자유 시간을 누릴 수밖에 없는 불공정거래의 진실
이 숨어 있다.

    극단적인 예로 만약 우리가 10시간 노동을 하고 70시간 소비의 자유

를 누릴 수 있다면 어떻게 될까? 사장은 노동자에게 많은 임금을 주어야 할 것이며 이는 곧 사장이 노동자가 만든 물건을 팔아 잉여가치(돈)를 남기는 것은 고사하고 손해를 보게 됨을 의미한다. 40시간 일하고 40시간의 소비의 자유를 보장 받을 때 공정한 거래라고 말할 수 있지만 이 또한 마찬가지로 사장은 잉여가치(돈)를 남길 수 없게 된다.

조금만 생각해보면 너무나 당연한 이야기다. 만약 요리사가 스파게티 1개를 만드는 데 들이는 노동의 양으로 스파게티 1개를 사먹을 수 있다면, 사장은 대체 어디서 이윤을 남긴단 말인가? 또 요리사는 뭣 하러 사장 밑에서 눈치 보며 노동을 한단 말인가? 스파게티 1개를 만드는 노동의 임금으로 스파게티 1개를 사 먹을 수 없는 조건에 이미 들어가 있기 때문에, 사장이 이윤을 남기고, 우리는 사장 눈치를 보며 스파게티를 만들고 있는 것이다. 우리는 이미 이런 불공정거래 속에서 노동하고 또 소비하고 있다. 더욱 심각한 것은 이런 불공거래를 당연한 것으로 받아들이고 있다는 사실이다.

부당할 뿐만 아니라 황당하기도 하다. '소비의 자유'를 얻게 되는 메커니즘을 생각해보자. 직장에서 자유(자유 시간)를 돈과 바꾸고, 다시 그 돈으로 자유, 그러니까 상품을 살 수 있는 소비의 자유를 얻게 되는 것 아닌가? 원래 우리에게는 자유가 주어져 있었지만, 그 자유를 팔아 상

품을 살 수 있는 기껏해야 '소비의 자유'로 바꿨던 셈이다. 자본주의는
자유(원래 우리에게 있었던 자유 시간)를 박탈당하는 대가(돈)로 다시
자유(소비의 자유)를 누려야 하는 황당한 상황을 당연한 것으로 둔갑
시킨 셈이다. 자본주의는 현대판 봉이 김선달이다.

─────── 자본주의가 구축한
최악의 악순환

원래 주어진 자유 시간으로 노동하고 그 대가로
임금을 받아, 그 임금으로 상품을 구매하는 소비의 자유를 얻고 있다.
결론적으로 '자유 시간'과 '소비의 자유'를 맞바꾼 것이다. 두 가지 자유
는 결코 등가적이지 않다. 사장 밑에 들어가 스파게티를 1.5개 혹은 2개
를 만드는 노동의 임금으로 스파게티를 1개 사 먹는 꼴이다.

자유 시간 → 노동 → 임금 → 상품 → 소비의 자유 → 자유 시간 (…)

더욱 황당한 것은 위의 흐름이 한 번으로 끝나지 않고 끝없이 순환된
다는 사실이다. 최악의 악순환이다. '자유 시간'을 '노동'으로 맞바꿔 '임
금'을 받고, 그 '임금'으로 '상품'을 구매하면서 '소비의 자유'를 만끽하고,
또 다시 돈이 없어서 '자유 시간'을 박탈하는 '노동'을 해야 하는 그 악

순환 말이다. 칼 마르크스가 《자본론》을 통해 "자본주의라는 체제는 필연적으로 노동자들을 착취한다!"고 말했던 이유도 이런 맥락에서 어렵지 않게 이해할 수 있다.

논의가 여기까지 진전되면 우리는 말할 수 있다.
"우리에게 진정한 자유는 없다!"
우리의 삶은 돈을 벌고 돈을 쓰는 자본주의적 영역에 모조리 잠식당해 버렸으니까 말이다. 자본주의는 원래 우리에게 주어졌던 소중한 자유를 모조리 소비의 자유로 왜곡해 버렸다. 그래서 돈이 없는 상황을 한없이 부자유스럽게 느끼게 된 것이다. 진정으로 자유롭게 살고 싶다면, 절박하게 물어야 한다. '노동'(돈을 버는 행위)과 '소비'(돈을 쓰는 행위)의 영역 이외에 우리의 삶을 윤택하고 행복하게 만들어줄 삶의 영역이 얼마나 남아 있을까? 만약 남아 있다면 그것은 무엇일까?

───── 돈만 많으면
자유로워질 수 있을까?

"돈이 많으면 자유로워질 수 있을까?"라는 질문에 나는 "그렇다"라고 답하겠다. 하지만 '그렇다'의 전제조건이 오직 '소비의 자유'일 뿐이라는 것만은 분명히 하고 싶다. 그러니 누군가 다시 "자유로워지기 위해 더 열심히 일해야 하나요?"라고 묻는다면 나는 단호하게 "아니요"라고 답하겠다. '소비의 자유'를 구가하기 위해 돈을 벌려고 한다면 필연적으로 자유로운 삶을 살 수 있는 소중한 시간을 헌납할 수밖에 없기 때문이다. 이것은 자본주의가 '임금'과 '상품' 사이의 불공정한 거래를 인정하고 있음을 기억한다면, 어렵지 않게 이해할 수 있다.

생계의 문제를 해결하기 위해 일하는 것은 당연하지만, 불필요한 '소비의 자유'를 누리기 위해 일하는 것은 어리석은 일이다. '소비의 자유'는 결국 우리의 자유로운 시간을 먹고 자라는 괴물이기 때문이다.

철학자 이진경은 책《삶을 위한 철학 수업》을 통해 자유에 대해 이렇게 말하고 있다.

"돈이 많아 노동하지 않고 살아도 되는 사람은 자유로울까? 하고 싶은 거 하고 사니 자유로울 거라고? 그렇다면 우리 옆에 사는 부자들은 모두 자유로울 것이 틀림없다. 그러나 노동하지 않고 돈을 펑펑 쓰고 사는 이들이 자유롭다면, 자유란 정말 진지하게 생각할 '꺼리'도 되지 못한다. 자유의 크기란 쓸 수 있는 돈의 크기, 살 수 있는 상품의 종류나 양이 되고 말테니까. 사실 우리는 잘 안다. 그들이 그 돈에 얼마나 매여서 살며, 그 돈에 치여 가족들끼리 얼마나 치고받고 싸우며 사는지. 그들이 부러울 수는 있겠으나, 그것은 자유를 부러워하는 게 아니라 돈 쓰는 것을 부러워하는 것이다. 자유란 돈으로부터도 자유로워지는 것이지 돈을 실컷 쓰는 것이 아니다."

이진경의 주장은 옳다. 돈 많은 사람들이 그 돈으로 자유롭게 사는 게 아니라, 돈에 얽매여 아주 부자유스러운 삶을 살게 되는 모습을 흔히 발견한다. 돈 그리고 자유라는 것에 관해 숙고할 때 최종적으로 도달해야 할 지점에 대해 이진경은 이리 답하고 있다. "자유란 돈으로부터 자유로워지는 것이지 돈을 실컷 쓰는 것이 아니다." 이것이 돈 그리고 자유를 지혜롭게 바라보는 관점이다.

돈을 실컷 쓰는 것 역시 자유가 아니라고는 말할 수 없다. 하지만 오직 그것만이 진정한 자유라고 믿기 시작할 때, 인생은 어김없이 꼬이기 시작할 것이다. 소비의 자유는 우리가 누릴 수 있는 자유 중 극히 일부일 뿐이다. 역설적이게도 현재의 병적인 자본주의 체제에서 '소비의 자유'를 적절하게 통제하지 못한다면, 결코 진정한 자유를 누릴 수 없다. 소비의 자유를 위해 어김없이 자유 시간을 헌납해야 할 테니까 말이다.

소비의 자유
VS 삶의 자유

　나는 이제 직장을 다니지 않는다. 돈도 많이 못 번
다. 직장인이었을 때와 비교하면 형편없는 수준이다. 예전에 만끽했던
'소비의 자유'는 언감생심이다. 그 대신 하루 종일 하고 싶은 것을 한다.
글을 쓰고 싶을 때 쓰고, 영화를 보고 싶을 때 보고, 아이들과 놀고 싶
을 때 논다. 무엇보다 좋은 건, 가끔 낮술이 땡길 때 누구의 눈치도 보
지 않고 한 잔 할 수 있다는 것이다. 생계를 유지하는 데 필요한 돈을 버
는 최소한의 시간을 제외하면, 나는 자유롭다. '소비의 자유'를 만끽했던
과거와 '삶의 자유'를 만끽하는 현재 중 어느 삶이 더 행복한지 묻는다
면, 분명하게 답할 수 있다. "당연히 현재!"라고.

　재미있는 사실이 있다. 직장을 다닐 때 나는 무언가를 계속 사고 싶었
다. 하지만 지금은 소비 욕구가 현저히 줄어들었다. 이제야 그 이유를 알
겠다. 직장을 다닐 때 무엇인가를 계속 사고 싶었던 이유는 그것이 필요
해서가 아니었다. 물건을 사면서 자유롭다는 느낌을 갖고 싶었기 때문
이었다. 그도 그럴 것이 직장에서 결코 피할 수 없는 자유의 결핍을 해
소하는 유일한 방법은 소비하는 것뿐이었으니까. 직장인은 돈을 버느라
시간이 없으니 자유마저도 돈으로 살 수밖에 없다. 지금의 나는 하고
싶은 것을 내 멋대로 할 수 있는 시간이 많다. 굳이 과도한 소비를 하지

않아도 이미 충분히 자유롭다.

적게 벌지만 내 멋대로 사는 것이 바로 '삶의 자유'다. '삶의 자유'를 포기하고, '소비의 자유'를 선택하는 것을 삶의 다양성 문제라고 말할 수 있을까? 그걸 한 사람의 개인적 선택이라고 퉁치고 넘어가는 것이 현명한 것일까? 생면부지의 사람들이 그리 생각한다면, 말리고 싶은 생각은 전혀 없다. 하지만 소중하고 사랑하는 사람에게는 그러고 싶지 않다. 아니 도시락 싸들고 쫓아다니면서 기꺼이 이야기해주고 싶다. '소비의 자유'보다 '삶의 자유'가 우리를 더 행복하게 해준다고. 그것이 진정한 자유라고.

앞서 물어봤던 '경제적인 부와 '실질적인 부' 중 어떤 부를 선택할 것인가'란 질문은 이렇게 바꿔보아도 좋을 것 같다. 우리는 어떤 자유를 누려야 할까? 많이 일하고 많이 벌어서 '소비의 자유'를 누려야 할까? 아니면 적게 일하고 적게 벌지만 내 멋대로 사는 '삶의 자유'를 누려야 할까? 어떤 것이 진짜 자유일까? 어떤 자유가 우리를 더 행복하게 해줄까? 삶이라는 것이 어떤 것인지 진지하게 한 번쯤 고민해본 사람들에게 대답은 어렵지 않을 것 같다.

고통 말고 보통

물론 우리에게
'소비의 자유'를 포기하는 것이
쉽지만은 않다.

도대체 현대사회에서
소비란 무엇인가.
우리는 어쩌다가 소비에
집착하게 되었을까.

여기에 자유의지는 **없다**

1 ··· 누가 자본주의를
굴리고 있나

———— 생산이 자본주의를 굴러가게 한다?
진짜?

"돈은 쓰는 것보다 버는 것을 먼저 배워야 되는
기라!"

어머니가 어린 시절부터 종종 내게 했던 이야기다. 지금도 그녀의 이
야기가 옳다고 생각한다. 돈을 버는 것보다 쓰는 것을 먼저 배우면 영원
히 돈에 시달리며 살게 될지 모르기 때문이다.

하지만 그녀의 이야기를 조금 다른 각도에서 생각해보자. 자본주의
는 크게 '생산'과 '소비'라는 두 축으로 이루어져 있다. 자본주의는 상품
을 생산하고 소비하고 다시 상품을 생산하는 순환 구조다. 그런 의미에

서 돈을 쓰는 것은 소비에 해당되고, 돈을 버는 것은 생산에 해당된다. 그러니까 어머니의 이야기는 소비보다는 생산을 먼저 해야 한다는 의미였던 셈이다.

비단 내 어머니의 생각만은 아닐 것이다. '잘 살아보세!'를 외치던 새마을 운동 세대는 항상 생산을 중요한 일이라고 강변했다. 그뿐이 아니다. 일을 하고, 돈을 버는 생산 활동은 언제나 선하고 중요한 일이라고 여겼고, 일하지 않거나 돈을 쓰는 소비 활동은 나쁜 것이고 하찮은 일이라고 여겼다. 경상도에 이런 말이 있다. "노니 우는 아 똥이라도 닦아라!" 아무 일도 안 하고 놀고 있으니 차라리 우는 아이 기저귀 갈아 주는 일이라도 하라는 말이다. 이처럼 1970~1990년 사이, 한국 경제의 급성장기를 살았던 사람들은 대체로 생산의 중요성에 크게 동의하는 세대였다.

그렇다면 이렇게 볼 수도 있지 않을까? 소비보다 생산이 중요하다고 믿는 사람들이 열심히 생산 활동을 해서 경제가 성장했으니, 자본주의를 움직이는 힘은 생산에 있는 것이라고. 실제로 자본주의를 이끄는 동력이 생산에 있다고 일찍이 천명한 철학자가 있다. 막스 베버^{Max Weber}다. 그는 《프로테스탄티즘 윤리와 자본주의 정신》에서 '직업은 신으로부터 부여받은 의무인 일종의 소명'이라고 말한 바 있다. 그리고 베버가 말한 자본주의 구조를 개략적으로 요약하면 아래와 같다.

소명과 천직으로서 자신이 맡은 바 일을 충실히 수행한 결과로서의 생산은 축적될 것이고, 이 생산을 통해 발생한 이윤을 쾌락을 충족하기 위해 방탕하게 소비하지만 않는다면, 자본가는 그 잉여이윤을 생산에 재투자할 수 있다.

베버는 '생산-축적-생산'이라는 순환 구조를 통해 자본주의는 유지· 발전될 것이라 전망했다. 그는 기독교 특유의 금욕적 생활 태도로 인해 소비는 억제되고 그로 인해서 잉여이윤이 발생할 것이고 바로 그 잉여 이윤이 다시 생산에 재투자됨으로써 자본주의가 굴러가게 된다고 설명 하고 있다.

여기서 핵심은 자본주의를 굴러가게 하는 동력은 소비가 아니라 생 산이라는 것이다. 베버의 이러한 주장은 기독교가 발전한 지역에서 초 기 자본주의가 발전했다는 실제적 증거를 등에 업고 더욱 확고한 믿음 으로 자리 잡게 되었다.

───── 소비가 없다면
생산도 없다

베버의 이야기는 동아시아에 사는 지금 우리에게
도 아주 설득력이 있다. 우리 사회 대다수가 갖고 있는 생산과 소비의
믿음은 어떤 것일까? 생산(노동)은 장려되어야 하고 선한 것이라 믿고,
소비(낭비·사치)하는 것은 기피되어야 하고 악한 것이라 믿는 경향이
남아 있다. 싫은 일도 묵묵히 참고 견디는 것은 미덕이요, 흥청망청 돈
을 써 대는 것은 나쁜 행동이라는 믿음은 지금까지도 여전히 유효하다.
그러니 자본주의가 생산에 의해서 발전했다는 이야기에 고개를 끄덕이
지 않을 도리가 없다. 하지만 베버는 헛다리를 짚은 것이 분명하다. 막스
베버 이론의 맹점은 단 하나의 질문으로 단박에 알 수 있다.

"생산한 제품은 어떻게 할 건데?"

그렇다. 다들 근면하게 생산만 하고 금욕적으로 소비하지 않는다면,
정작 생산된 그 많은 상품은 누가 소비한단 말인가? 베버는 이 질문에
답할 수 없을 것이다. 자본주의는 상품의 흐름과 그 흐름에 역행하는
화폐(돈)의 흐름이 원활할 때 유지되는 체제인 것을 모르는 사람은 없
다. TV를 근면하게 하루에 100개 생산하면 뭐하겠는가? 그 100개 중 하
나도 소비되지 않는다면, TV를 만드는 회사는 망할 수밖에 없다. 그렇

다면 당연히 그 회사의 노동자는 더 이상 근면하게 생산조차 할 수 없게 되는 것 아닌가?

생산이 소비에 선행한다는 이야기는 옳다. 하지만 생산이 소비보다 중요하고 더 나아가 자본주의를 이끄는 동력이 생산에 있다는 베버의 이야기는 순진하게 들리기까지 한다. 다들 생산만 하고 누구도 소비하지 않는다면, 잉여이윤 자체가 생기지 않을 테니까. 결국 생산은 소비를 전제로 할 때에만 가능하다. 상품을 생산하고 다시 상품을 생산하려면, 그 사이에 생산한 상품이 소비되어야 한다. 쉽게 말해, TV를 100개 생산하고 다시 100개를 더 생산하려면 먼저 생산된 100개를 팔아 잉여이윤을 남겨야 한다는 말이다.

―――― 제국주의의 논리
'생산적 소비'

논의가 여기까지 진행되면 자본주의의 놀라운 진실에 직면하게 된다. 그것은 '소비가 생산적이다!'라는 역설이다. 정말 놀랍지 않은가? 소비가 생산적이라니. 그렇다. 지금은 소비가 생산적인 시대다. 소비가 없다면 생산도 의미 없다. 아니 생산 자체를 하지 못한다. 자본주의는 누군가 끊임없이 소비를 해야만 잉여이윤으로 다시 생산을 할 수 있는 구조이기 때문이다. 이것은 세계 역사가 고스란히 입증해주는 사실이기도 하다.

19세기 즈음부터 포르투갈, 프랑스, 영국, 일본 등 세계열강들은 너도나도 식민지를 가지고자 했다. 그 결과로 많은 전쟁이 일어났다는 사실은 이미 잘 알고 있다. 영국은 인도와 파키스탄을, 프랑스는 베트남과 알제리를, 일본은 한국을 식민지로 삼았다. 당시 세계열강들은 왜 식민지를 가지기 위해 전쟁까지 불사할 정도로 혈안이 되었던 것일까? 학창 시절에는 열강들이 식민지를 구축하려고 했던 원인을 노동력과 자원의 필요 때문이라고 배웠다.

하지만 그 이면에는 다른 이유가 더 있다. 그 이유 중에서 가장 중요하고 핵심적인 이유는 새로운 소비시장의 구축에서 찾을 수 있다. 열강들은 값싼 노동력과 자원의 수탈뿐만 아니라 새로운 소비시장을 찾기 위해서 식민지 개척에 사활을 걸었던 것이다. 이런 이유 때문에 세계열강들은 '미개한 너희들을 우리가 개화시켜주마'라는 그럴듯한 제국주의 논리를 앞세워 너도나도 식민지를 가지고자 했던 것이다.

멀리 갈 것 없이 조선의 일제강점기를 생각해보자. 일본이 정말 조선의 생산력과 자원 수탈만을 목적으로 했다면, 당시 조선의 최대 번화가인 경성을 중심으로 미츠코시 백화점(현, 신세계 백화점), 미나카이 백화점 등 다수의 백화점을 세우는 쓸데없는 짓은 하지 않았을 것이다. 당시 일본은 노동력과 자원 수탈뿐만 아니라 새로운 소비시장 구축에도 상당한 노력을 기울였다.

영국이나 프랑스, 일본 등의 세계열강들이 식민지 건설에 사활을 걸었던 가장 큰 이유 중 하나는 이와 같이 소비가 없다면 생산도 의미 없다는 사실을 간파했기 때문이다.

─────── **자본주의를 굴리는 힘,
소비**

그렇다면 제국주의도, 식민지도 없는 지금, 소비는 더 이상 자본주의를 움직이는 힘이 아닌 것일까? 전혀 아니다. 여전히 소비는 자본주의를 이끄는 핵심 동력이다. 지금 우리의 삶에서 직접 확인할 수 있다. 막스 베버의 말처럼 생산이 소비보다 중요한 것이라면, 왜 그 많은 기업들이 광고와 마케팅에 사활을 거는 것일까? 주위를 둘러보자. 길거리든 TV든 스마트폰이든 사람들이 모이는 곳이라면 어느 하나 광고 아닌 것이 없다. 집요하게 소비를 유혹하고 자극하는 것들로 넘쳐 난다.

나는 공작기계를 만드는 회사에서 오래 근무했다. 공작기계는 쉽게 말해 기계를 만드는 기계다. 공작기계로 자동차도 만들고, 휴대폰도 만든다. 한번은 업무차 공작기계로 휴대폰을 만드는 중국의 어느 공장에 간 적이 있었다. 하루에만도 엄청난 양의 휴대폰이 만들어지고 있었다. 이것은 자동차도 마찬가지다. 문득, 도대체 이 많은 휴대폰과 자동차를 누가 다 사는 것인지 궁금해졌다.

"이게 다 팔려요?"

나는 공장 직원에게 물었고 그에게 돌아온 대답은 다음과 같았다.

"팔아야죠, 이거 일주일 동안 못 팔면 우리 회사 망해요."

그렇다. 생산은 자본주의를 이끌지 못한다. 핵심은 소비다. 소비야말로 생산적이다. 소비되지 않으면 더 이상 생산조차 할 수 없는 체제가 바로 지금의 자본주의다. 모든 기업들이 광고, 마케팅에 사활을 거는 이유 역시 알 수 있다. 원활한 소비가 없다면 잉여이윤도 없고, 잉여이윤이 없다면 재생산은 물론이고 기업의 존속 자체가 불가능해지기 때문이다.

물건을 만드는 것만으로 자본주의는 굴러가지 않는다. 생산한 상품은 소비되어야 한다. 아니, 수단과 방법을 가리지 않고 소비시켜야 한다. 그래야 기업이 존속하고 자본주의 역시 돌아가니까.

—— 일과 돈 사이에는
언제나 소비가 있다

소비할 대상을 집요하게 찾고 있다는 측면에서 제
국주의 시대와 현대사회는 동급이다. 제국주의 시대가 소비시장을 찾
기 위해 총과 칼을 앞세워 물리적으로 침탈하는 형식이었다면, 현대사
회는 자극적인 광고와 홍보를 앞세워 자발적으로 소비하도록 만드는 형
식이다. 집요하게 소비할 대상을 찾고 있는 자본주의적 속성은 전혀 달
라지지 않았다.

문제는 광고와 홍보가 너무나도 집요해서 이제는 소비를 '자발적'이라
고 볼 수 없을 정도라는 점이다. 차라리 '강제적'이라고 보는 게 더 적합해
보인다. 우리는 그렇게 '강제된 자발적' 소비에 무방비로 노출되어 있다.

조금 비약해서 말하자면, 소비에 관해 우리 대부분은 자발적으로 식
민지 생활을 하는 것이다. 광고와 마케팅은 소비를 하라고 유혹할 뿐
총, 칼을 앞세워 결코 강제하지는 않으니 분명 '자발적'이기는 하다. 하지
만 과연 그것을 '자발적'이라고 말할 수 있을까? 진짜 자발적이라면, 꼭
사야 할 그 수많은 '필수 아이템'은 어떻게 설명할 수 있을까? '필수 아
이템'은 없으면 안 되는, 꼭 있어야 하는 것 아닌가? 그건 자발적인 것이
아니라 강제적인 것에 가깝지 않을까?

소비의 자유가 분명 존재한다는 측면에서 소비는 '자발적'이다. 동시에 여러 가지 이유로 소위 말하는 '필수 아이템'을 거부할 내적 능력이 없다는 측면에서 소비는 분명 '강제적'이기도 하다. 소비가 없다면 자본주의는 유지될 수 없기에, 자본주의는 우리에게 '소비하라!'고 집요하게 유혹하는 것이다. 그 유혹이 너무나 집요해져서 강요처럼 느껴질 지경이다. 하긴 자본의 입장에서는 너무나 당연한 일이다. 우리가 소비하지 않는다면, 자본은 이윤 축적은 고사하고 증발해 버릴지도 모를 일이니까.

'일과 돈'을 이야기하면서 '소비'의 문제는 결코 우회할 수 없다. 일과 돈 사이에는 언제나 소비의 문제가 도사리고 있기 때문이다. 돈에 관한 대부분의 문제는 소비 때문에 발생하며 지긋지긋한 직장으로 다시 돌아가 일해야 하는 것도 소비의 문제와 깊이 연관되어 있다.

우리는 소비의 문제에 대해 깊이 고민해봐야 한다. 그렇지 않으면 필연적으로 일과 돈의 문제에 의해 불행해질 것이다. 일과 돈에 관한 대부분의 문제가 결국 소비의 문제와 깊게 연루되어 있다는 사실을 잊지 말자.

2 ··· 우리는
왜 소비하는가

———— 광고
시간입니다

1985년

(자동차 실내외 곳곳을 비추며)

각종 첨단 자동장치를 갖춘 2000cc의 첨단 세단.

강력한 파워 브레이크, 부드러운 파워 핸들, 자동 정속주행 장치 크루즈 컨트롤, 뒷좌석까지 자동 조절되는 파워 시트.

소나타와 함께하는 당신이 바로 VIP입니다.

2014년

(공항에서 여자가 나오며)

남: 고생했어. (여자를 꼭 안아준다.)
여: 응.
남: 피곤하지?
여: 괜찮아.

(감미로운 음악이 흐르며 남자가 운전한다. 여자는 피곤한지 잠이 들고 남자는 그 모습을 잠시 바라본다.)

"당신은 내가 더 강해져야 하는 이유입니다. 지켜주고 싶어서 말리부."

1985년과 2014년의 두 광고를 비교해보자. 이 비교를 통해 '우리는 왜 소비하는가?'라는 질문에 답할 수 있는 실마리를 얻을 수 있다. 우리는 일반적으로 '기능'을 위해 소비한다고 생각한다. 청소하는 기능을 위해 진공청소기를 사고, 냉장하는 기능을 위해 냉장고를 산다고 생각한다. 적어도 1980년대까지는 그랬던 것 같다. 1985년의 광고로 돌아가보자. 광고는 자동차의 내·외부를 비추면서 파워 브레이크, 파워 핸들, 크루즈 컨트롤, 파워 시트 등의 기능을 충실히 설명하고 있다.

한 시대의 광고는 당대 소비자의 욕구를 가장 충실히 반영한다는 측면에서, 당시 사람들은 분명 자동차의 기능을 소비했던 것이다. 그런데 당장 인터넷에서 1985년 그 광고를 찾아보시라. 1985년의 그 광고를 다시 보면 처음 드는 느낌은 단연 '촌스럽다'이다. 왜일까? 떨어지는 화질이나 구식 자동차 디자인 때문이기도 하겠지만, 한편으로는 광고에서 구구절절 기능에 대해서 설명하는 것이 촌스럽게 느껴지는 탓도 있다.

——— 이제 기능을
소비하지 않는다

2014년의 자동차 광고를 들여다보자. 이제는 자동차의 특정한 기능을 보여주기보다는 자동차가 주는 어떤 이미지를 보여주려고 노력한다. 2014년의 광고에서는 '상품의 특정한 기능을 전면에 내세우는 모습'을 찾아볼 수 없다. 진공청소기 광고에서 청소기의 흡입력이 얼마나 좋은지 전면에 내세우는 일도 없고, 냉장고 광고에서 얼마나 냉장이 잘되는지 보여주려고 하는 광고도 거의 없다. 이런 광고의 변화는 우리가 기능을 소비하지 않는다는 사실을 반증한다.

그렇다. 우리는 이제 기능을 위해 소비하지 않는다. 음식 이야기를 해보자. 음식의 기능은 단연 맛과 영양이다. 하지만 지금 우리는 외식할 때, 영양가 있고 맛있는 곳으로만 가는 것은 아니다. 가능하면 아늑한 혹은 이색적인 분위기의 음식점에 가려고 한다. 옷도 마찬가지다. 지금 시대에 몸을 보호해주는 기능을 위해 옷 사는 사람이 얼마나 될까? 옷의 기능보다 각자의 기호에 부합하는 멋있고 근사한 옷을 사려고 한다. 그렇지 않다면, 다 찢어져 바람이 숭숭 들어오는 청바지를 비싼 가격에 사는 일을 설명할 길이 없다.

이처럼 더 이상 기능을 위해 소비하는 시대가 아니다. 예외적인 경우를 제외하고 자신은 기능을 위해 소비한다고 말하는 것은 일종의 허영에 가깝다. '나는 겉멋에 빠져 과소비를 하는 그런 어리석은 사람이 아니야!'라고 강변하고 싶은 허영 말이다. 이제 배만 부르면 된다고 음식점에 가는 사람은 거의 없고, 계절에 맞는 기능성 옷만 가지고 있는 사람도 거의 없다.

——— 사물의
네 가지 속성

기능을 위해 소비하지 않는다면 대체 무엇을 위해 소비하는 것일까? 답을 하기 전에 우선 철학자를 한 명 만나보자. 쟝 보드리야르^{Jean Baudrillard}다. 그는 《소비의 사회》라는 책을 통해 소비에 대해 깊게 사유한 철학자다. 보드리야르는 '사물에는 기본적으로 네 가지 가치가 있다'고 말한 바 있다. 교환가치, 사용가치, 상징적 교환가치, 기호가치가 그 네 가지다. 조금 어려운가?

자, 만년필이라는 사물을 예로 앞서 말한 사물의 네 가지 가치에 대해서 설명해보자. 우선 만년필이란 사물의 '교환가치'는 만년필을 팔아서 얼마의 돈을 환산할 수 있느냐는 가치다. 즉 '교환가치'는 '거래의 논리'가 작동하는 개념이다. 그리고 만년필의 '사용가치'는 말 그대로 글을 적는 수단으로서의 가치다. 원하는 내용을 편하고 빨리 기록할 수 있는 도구로서의 가치를 의미하는 것이다. 말하자면 '사용가치'는 '유용성의 논리'가 작동하는 개념인 것이다.

이제 만년필의 '상징적 교환가치'에 대해서 알아보자. 상징적 교환이라는 개념은 쉽게 선물이라고 생각하면 된다. 만년필에는 어떤 대가를 바라지 않고 그냥 누군가에게 줄 수도 있는 가치도 있다. 이것이 상징적 교환이다. 그러니까 '상징적 교환가치'는 '증여의 논리'가 작동하는 개념이다. 마지막으로 만년필의 '기호가치'에 대해서 알아보자. 이것은 특정한 신분이나 계급 같은 것을 나타내는 가치를 의미한다. 만년필은 그 자체로 부자 혹은 지식인이라는 특정한 신분을 증명하는 가치를 가지기도 한다. '기호가치'는 '신분의 논리'가 작동하는 개념이다.

―――― 지금은
기호를 소비하는 시대

여기서 주목해야 할 점은 보드리야르가 말한 '사물에 대한 네 가지 속성'이 우리가 소비하는 '상품'에도 그대로 적용된다는 사실이다. 대표적인 상품인 휴대폰을 예로 이야기해보자. 휴대폰은 그것을 팔아 돈으로 환산할 수 있으니 '교환가치'가 있다. 또 휴대폰으로 인터넷도 하고 통화도 할 수 있으니 '사용가치'도 있는 것이다. 휴대폰을 친구에게 선물할 때 그것은 '상징적 교환가치'로 기능하게 된다. 그리고 아이폰이나 최신 스마트폰을 가지고 있을 때 일정 정도 자신의 신분을 증명하는 '기호가치'로 기능하기도 한다.

자, 이제 답해보자. 우리는 왜 소비하는 것일까? 교환가치를 위해 소비하는 것일까? 일반 소비자가 스마트폰을 구입할 때 그것을 중고로 팔 것을 고민하지 않는다면, 교환가치를 위해 소비하는 것은 아니다. 교환가치는 유통과정에서 필요한 것이므로 일반적 소비와는 거리가 멀다. 마찬가지로 누군가에게 선물을 주기 위한 소비를 하기도 하지만 이는 아주 예외적인 소비 방식이다. 그럼으로 '상징적 교환' 역시 소비하는 이유라고 보기 어렵다.

그렇다면 이제 우리가 소비하는 이유는 결국 '사용가치'와 '기호가치'라는 두 경우로 좁혀진다. '기능이 필요해서 하는 소비'와 '자신의 신분을 증명하기 위해 하는 소비'만이 우리 시대에 유효한 소비이다. 여기서 처음 말한 광고 이야기로 돌아가야 한다. 앞서 1985년과 2014년의 자동차 광고를 통해 이미 우리는 기능을 위해 소비하지 않는다고 밝혔다. 그렇다면 이제야 우리가 왜 소비하는지 분명히 알 수 있다. 지금 우리가 소비를 하는 이유는 '기호가치'를 충족하기 위해서다. 즉, 특정한 신분, 계급, 위치를 나타내기 위해 소비한다는 의미이다.

3··· 우리는 _____을 소비한다

─── 우리는
기호를 소비한다

그렇다. 지금은 특정한 기호와 기호가치를 소비
하는 시대다. 멀리 갈 것 없이 나의 예를 들어보자. 나는 한때 '져지
(jersey; 트레이닝 상의)'와 '운동화'를 엄청나게 사다 모은 적이 있었다.
나는 왜 그것들을 소비했던 것일까? 져지와 운동화를 사면서 활발하고
역동적이며 열정적인 사람이라는 신분, 계급, 사회적 위치를 나타내고
싶었던 것이다. 말하자면 나는 져지와 운동화의 기능을 샀다기보다 그
것이 가진 역동성, 활발함, 열정이라는 기호를 샀던 셈이다.

내 경우는 그마나 소박한 편에 속한다. 벤츠를 타고 BMW를 타는 사

람들을 생각해보자. 옷이나 신발과는 비교도 안 될 정도의 고가의 승용차를 소비하는 사람들이 있다. 그들이 굳이 고가의 외제 차를 사는 이유는 자신의 신분, 계급, 위치를 나타내기 위해서다. '벤츠'라는 특정한 기호를 소비하면서 "나는 벤츠를 탈 정도로 높은 소득을 올리는 사람이야"라는 것을 말하고 싶은 것이고, 'BMW'라는 특정한 기호를 소비하면서 "나는 BMW를 탈 수 있을 정도로 사회적으로 성공한 사람이야"라는 것을 말하고 싶은 것이다. 이는 모두 특정한 기호를 소비하는 것이다.

이런 소비 패턴은 외제 차나 명품 가방과 같은 사치재에서만 나타나는 것이 아니다. 우리의 일상과 밀접한 관련이 있는 생활상품에서도 여실히 드러난다. 가전제품을 예로 들어보자. 양쪽으로 열리는 대형 냉장고가 처음 나왔을 때, 가정주부들은 그것을 갖고 싶어 했다. 내 어머니도 친구 집에 갔다가 양쪽으로 열리는 냉장고를 보고 돌아온 날에는 유독 우울해보였고 짜증도 심했다.

아직도 기억난다. 집에 양쪽으로 문이 열리는 하얀 냉장고가 배달오던 날 어머니의 표정이. 그 표정은 내가 기억하는 어머니의 행복해 보였던 모습 중 Top 5에 들어갈 정도였다. 어머니는 왜 그리 기분이 좋았던 걸까? 냉장이 더 잘되는 냉장고를 가지게 되어서였을까? 아닐 것이다. 그 냉장고가 가진 '행복한 중산층 가정'이라는 계급, 위치를 갖고 싶었던 것일 테다. 어머니는 냉장고를 소비한 것이 아니라 그것이 가지는 '기호가치'를 소비한 것이다.

이제 '기능을 소비하는 것'은 촌스럽고 드문 일이 되어 버렸다. 이제 우리는 특정한 기호를 소비한다. 그렇다면 왜 기능이 아니라 특정 계급, 신분, 이미지를 나타내는 기호를 소비하게 된 것일까?

바로 당당해지기 위해서다. 일차적으로 기능을 소비하든 기호를 소비하든 관계없이 일단 소비라는 것을 할 때 우리는 당당해진다. 자본주의는 상품보다 돈을 우위에 두는 체제다. 상품을 가진 사람보다 돈을 가진 사람이 더 우위에 있다는 말이다. 그래서 기능이든 기호든 간에 일단 돈을 쓸 때는 한없이 당당해지는 것이다.

사실이지 않은가? 돈을 가지고 백화점에서 옷(상품)을 살 때는 당당하지만, 사이즈가 맞지 않아서 옷(상품)을 가지고 환불(돈) 받으러 가야 할 때는 왠지 모르게 위축되곤 하니까 말이다. 결국 소비는 당당해지기 위해서 하는 행위이다. 그도 그럴 것이 돈을 벌 때는 손님 눈치 보

고, 상사 눈치 보고, 사장 눈치를 보아야 하는 보잘 것 없는 사람(상품)
이지만 돈을 쓸 때는 우리가 손님이 되고, 상사가 되고, 사장이 되는 것
같은 당당한 느낌이 드니까.

 돈을 쓴다는 것은 분명 매혹적인 일이다. 뚱뚱한 내게 점원은 건장하
다고 말해주고, 어제 치킨을 먹고 자서 얼굴이 팅팅 부었는데도 핼쑥해
보인다고 말을 해주니까 말이다. 그뿐인가? 돈을 쓰러 간 날 종업원은
'요즘 좋은 일 있으신가 봐요?' '얼굴이 좋아 보여요'라며 아무도 관심을
가지지 않는 나의 일상에 대해 한없이 궁금해 한다. 이런 경험이 어찌
매혹적이지 않을 수 있을까? 일상에서 괄시받고, 천대 받는 사람이라면
더욱 그럴 것이다.

 마찬가지로 우리가 기능이 아닌 기호를 소비하려는 이유 역시 당당
해지고 싶기 때문이다. 모든 사람이 그런 것은 아니지만, 많은 남자들은
반지하에 살더라도 벤츠, BMW를 타고 싶어 한다. 또 많은 여자들이 가
능만 하다면 128개월 할부를 해서라도 샤넬, 에르메스 같은 명품 가방
을 갖고 싶어 한다. 외제 차가 국산 차보다 더 많은 기능이 있어서가 아
니라는 것, 명품 가방이 다른 가방보다 더 기능적이어서 아니라는 것쯤
은 삼척동자도 다 아는 사실이다.

우리는 당당해지고 싶다.

강남역에서 여자들을 생태학적으로 관찰해보면 단박에 알 수 있다. 후줄근한 가방을 들고 걸어가는 사람들은 어딘지 모르게 위축되어 보이지만 명품 가방을 메고 가는 사람은 그 발걸음에서 이미 여유와 당당함이 묻어난다. 대부분 마찬가지다. 자신이 추구하는 기호를 잘 반영한 옷을 입고 나가는 날엔 그렇지 못한 날보다 훨씬 당당하다는 것을 우리는 이미 알고 있다. 남자? 아반떼를 타고 다니는 사람과 벤틀리를 타고 다니는 남자를 비교해보면 알 수 있을 것이다. 아니, 차가 있는 사람과 없는 사람을 비교해야 할지도 모르겠다.

우리는
자유를 소비한다

우리가 소비하는 이유는 당당해지기 위해서이기도 하지만 한편으로 자유를 느끼기 위해서이기도 하다. 직장에서 받은 스트레스를 쇼핑으로 푼다고 말하는 월급쟁이는 흔하다. 그렇다면 월급쟁이가 직장에서 받는 스트레스는 무엇일까? 항상 정시에 출근해야 하고, 말도 안 되는 이유로 상사에게 잔소리를 들어야 하고, 나와 결이 다른 사람들과 업무를 할 때 느끼는 그 불편함이 직장의 스트레스다. 결국 직장 스트레스의 핵심은 부자유스러움이다.

  엄밀한 의미로, 직장에서 자유는 없다. 월급쟁이에게는 출근하고 싶을 때 출근할 자유도, 하고 싶은 말을 할 자유도, 보고 싶지 않은 인간들을 보지 않을 자유도 없다. 그래서 스트레스를 받는다. 하지만 직장의 이런 고질적인 스트레스는 쇼핑으로 한 방에 해결된다. 적어도 내가 번 돈으로 쇼핑을 할 때는 한없이 자유롭다. 마치 무엇이든 할 수 있는 권능을 가진 왕이 된 것처럼 느껴지기도 한다.

  '손님은 왕'이라는 수사가 괜히 나온 것이 아니다. 내가 사고 싶은 화장품, 목걸이, 옷, 가방, 신발을 마음껏 살 때, 한없이 자유로운 느낌을 가지게 된다. 그뿐인가? 우리가 혹여 물건을 사지 않을까 조바심을 내는 종업원들은 우리를 어찌 대해주었나? 무엇인가 불편하지는 않은지, 필요한 것은 없는지, 끊임없이 우리의 눈치를 살핀다. 이처럼 소비를 할 때 우리는 누구보다 자유롭다. 내가 사고 싶은 것을 맘껏 사고, 누구의 눈치도 볼 필요가 없으니까 말이다.

—— 우리는
결국 행복을 소비한다

그렇다. 우리는 당당하기 위해, 자유롭기 위해 소비한다. 하지만 조금 더 본질적으로 들어가면 소비하는 이유는 결국 하나다.

우리는 행복해지고 싶다.

인간이라면 누구나 행복해지고 싶다. 하지만 행복이 무엇인지, 행복이란 것을 어떻게 얻을 수 있는지 깊게 고민하는 사람은 드물다. 행복을 원하지만 그것에 대해 사유하지 않는, 그 간극에 자본이 집요하게 파고든 것이다. 어쩌면 여기에서부터 자본주의 시대를 살아가고 있는 우리의 불행이 시작됐던 것일지도 모른다.

나는 왜 져지와 운동화를 사려고 했을까? 자유롭기 위해서? 당당하기 위해서? 다 맞다. 하지만 그보다 더 근본적인 이유는 져지를 입고 운동화를 신고 다니는 사람들이 행복해 보였기 때문이다. 내 행복의 기호는 열정적, 활발함, 역동적인 어떤 것이었던 까닭이다. 나이키, 아디다스 같은 스포츠 용품 업체들은 치밀한 마케팅 전략과 집요한 광고를 통해 져지와 운동화에 열정적, 활발함, 역동적이라는 기호를 덧씌우는 데 성공했다. 그래서 져지와 운동화를 사면 열정적이고 활발하며 역동적인,

그래서 행복해 보이는 사람이 될 수 있을 것이라고 무의식적으로 믿게 된 것이다.

사람들은 왜 벤츠와 BMW를 사려고 할까? 수많은 드라마와 영화, 광고에서 '외제 차를 타는 삶이 행복한 삶'이라는 이미지를 보여주었기 때문이다. 우리의 진짜 삶 속에서는 트럭을 타면서도 행복한 사람이 있고 고급 외제 차를 타면서도 불행한 사람이 있다. 하지만 매체는 대체로 고급 승용차를 탄 삶에 행복이라는 이미지를 덧씌우려고 한다. 그리고 그 작업이 반복적으로 이루어졌을 때, 우리 역시 벤츠와 BMW를 탔을 때 행복해질 것이라 믿게 되는 것이다. 조작된 행복의 이미지에 너무나 반복적으로 노출되어 무의식에 각인되어 버렸기 때문이다.

명품 가방도 마찬가지다. 여성 잡지, 광고, 드라마 뭐든 좋다. 샤넬이나 에르메스 같은 고급 가방을 메고 있는 사람 중에 불행한 콘셉트로 우리에게 비춰지는 사례가 얼마나 있을까? 행복한 콘셉트의 사람들이 압도적으로 많다. 여성 잡지에 나온 에르메스 백을 메고 있는 여자는 한없이 당당하고 행복해 보인다. 고가의 가방으로 다른 사람과 구별 짓고 차별화해서, 사랑받을 만하며 행복한 사람으로 비춰지고 싶은 것이다. 자신의 진짜 삶이 불행하다면 이런 구입 가능한 행복의 갈증은 더욱 커질 수밖에 없다.

쇼핑 중독에
관하여

쇼핑 중독에 관해서도 이야기할 수 있다. 오직 기능을 위해 소비한다면 쇼핑 중독은 있을 수 없다. 쇼핑 중독은 자유롭고 당당해지고 싶어서 돈을 쓰기 시작할 때 발생하는 사달이다. 물건을 고를 때의 자유로움, 돈을 쓸 때의 당당함을 계속 유지하고 싶을 때 쇼핑에 중독된다. 쇼핑 중독자에게 '그 상품이 필요한가 그렇지 않은가'는 중요한 문제가 아니다. 소비할 때 잠시 느껴지는 자유롭고 당당한 느낌이 좋은 것이다.

쇼핑에 중독된 사람은 우리와 별반 다르지 않다. 그들 역시 결국 행복해지고 싶은 것이다. 다만 행복해지고 싶은 방법으로 소비를 택한 것일 뿐이다. 쇼핑 중독까지는 아니더라도 우리 역시 늘 뭔가가 사고 싶다. 대부분이 소비에 대한 결핍을 안고 산다. 그 이유를 알 것도 같다. 소비를 통해 행복해지고 싶은 것이다. 아니 정확하게 말해, 소비를 통해 자유롭지도 않고 당당하지도 못한 지금의 불행한 삶에서 벗어나고 싶은 거다.

결국 지금의 삶이 극단적으로 불행한 사람은 쇼핑 중독을, 지금의 삶이 견딜 만한 정도로 불행한 사람은 소비에 대한 결핍감 정도를 갖게 되는 것이다. 그러므로 엄밀히 말해, 우리는 모두 잠재적 쇼핑 중독자인 셈이다. 자본주의는 '소비로 행복해질 수 있다'며 끊임없이 행복에 대한 환상을 보여준다. 그렇게 소비를 부추기지만 그 끝에는 행복이 아니라 파멸이 도사리고 있을 뿐이다. 자본주의는 이렇게 한 사람을 불행으로 이끈다. 이것이 우리 시대 자본주의의 민낯이다.

——— 이 시대의
된장남과 된장녀에게

"행복을 줄 거라고 기대되는 상품을 구매하고 소비하는 것이 근대사회의 행복의 기본이다."

폴란드의 사회학자 지그문트 바우만Zygmunt Bauman의 이야기다. 우리는 '행복을 위해 소비하고 있다'는 사실에 가능한 빨리 직면해야 한다. 자신은 '아무 생각 없이 과소비를 하는 된장남, 된장녀가 아니다'를 입증하기 위해서 애쓸 것이 아니라, 사실 우리 모두는 행복을 위해 소비하고 있다는 사실을 가능한 빨리 받아들여야 한다.

그리고 된장남, 된장녀가 비난받을 만한 사람인가? 나는 잘 모르겠다. 인간은 결국 행복하기 위해 사는 동물들 아닌가? 열심히 번 돈으로 소비하면서 행복을 느낄 수 있다면, 그것으로 이미 충분한 것 아닌가?

당당하기 위해, 자유를 만끽하기 위해, 더 나아가 행복하기 위해 소비하는 것이 옳은가 그른가라는 가치판단은 유보하자. 아니, 소비를 통해 끝끝내 행복해질 수 있다면, 소비도 나름 괜찮은 삶의 태도 아닌가. 악착같이 돈을 벌 줄만 알았지 쓸 줄은 모르는 구두쇠보다 '된장남', '된장녀'가 더 행복한 삶을 사는 것은 아닐까?

다만, 소비에 관한 몇 가지 질문만은 잊지 않았으면 좋겠다.

소비를 통해 얻는 자유로움과 당당함으로 정말 행복해질 수 있을까?
혹시 우리가 행복이라고 믿고 있는 것이 자본주의가 만들어 놓은 환상인 것은 아닐까?

그것도 우리를 조금씩 파멸로 몰아가는 환상. 우리는 '돈을 쓰면서 행복해지기 위해' 결국 다시 '돈을 벌어야 하는' 사람들 아닌가? 그렇다면 결국 우리는 '소비의 행복'과 '노동의 불행' 둘 중의 하나를 택해야 하는 것은 아닌지 진지하게 자문해봐야 할 때이다.

진정한 삶의 행복은 '소비의 행복'을 늘리는 것에 있을까?
아니면 '노동의 불행'을 줄이는 것에 있을까?

4···   더 많이 소비하면
우리는 행복해질 수 있을까?

———— 소비와 행복의
상관관계

"돈 없이 행복할 수 있어?"

나는 기본적으로 돈의 액수와 행복 간에 상관관계가 없다고 생각하는 쪽이다. 그래서 종종 사람들로부터 이와 같은, 다소 공격적인 질문을 받곤 한다. 우리의 삶을 돌아보면 일견 옳은 이야기이기도 하다. '돈이면 무엇이든 다 된다'고 생각하는 다수가 모여 사는 자본주의 사회에서 돈 없이 행복할 수 있을까? 돈의 액수와 행복이 그다지 상관없다는 내 생각이 어쩌면 세상물정 모르는 순진하고 어리석은 생각 아닐까? 어느 쪽이든 너무 성급하게 답을 내리기 전에 소비와 행복의 상관관계에 대해서 조금 더 깊게 고민해보자.

일본의 사회학자 야마다 마시히로와 소데카와 요시유키가 지은《더 많이 소비하면 우리는 행복할까?》라는 책에 흥미로운 도표가 하나 등장한다. 그것은 1인당 GDP(국내 총생산)와 주관적 행복의 상관관계를 수치화한 도표다. 이 도표는 '텐츠 종합연구소'라는 곳에서 1995~2007년에 걸쳐 97개 나라 및 지역을 대상으로 조사되었다. 이 도표에 관심을 가진 이유는 97개의 다양한 국가가 포함되어 있기 때문이었다. 선진국이라고 할 수 있는 미국, 일본, 독일 등은 물론이고 스위스, 덴마크, 핀란드, 스웨덴 같은 소위 말하는 복지국가부터 경제 여건이 좋지 못한 브라질, 인도, 짐바브웨까지 이 도표를 통해 확인할 수 있다.

GDP는 국내에서 생산되는 총생산량이다. 그러므로 1인당 GDP는 한 사람이 생산할 수 있는 총생산량이 된다. 쉽게 설명하기 위해 조금 거칠게 표현하면, 1인당 GDP는 '국민 한 사람이 가질 수 있는 경제적 능력'이라고 말할 수 있다. 앞서 말한 도표의 핵심을《더 많이 소비하면 우리는 행복할까?》의 내용을 빌려 간단하게 말해보고자 한다.

"1만 달러까지는 GDP가 증가할수록 행복지수도 커지는 비례관계가 나타나지만, 1만 달러를 돌파하면 그 관계가 불규칙해지다가 마침내 그 연관성이 사라진다. 이것은 곧 1인당 GDP가 일정 수준을 넘어서면 국민의 행복지수와 직접적인 연관성을 갖지 않는다는 것을 보여준다."

이제 이 사실을 우리에게 한번 적용해보자. 1만 달러면 한화로 약 천만 원 정도가 된다. 4인 가족 기준이라면 4천만 정도가 된다. 그렇다면 4인 가족 기준으로 1년에 4천만 원 이상 벌게 될 시 '돈-행복'의 관계는 불규칙해지다가 결국 그 상관관계가 사라진다는 의미이다. 이것이 바로 《더 많이 소비하면 우리는 행복할까?》에 등장하는 도표의 핵심이다.

잠깐,

지금 아마 '4천만 원'이란 금액에 꽂혀 있을 것이다. "4천만 원? 턱도 없지" 혹은 "4천만 원? 그 정도면 충분하지"라는 식으로 말이다. 하지만 '4천만 원'이라는 구체적인 액수에서 잠시 눈을 떼자. 여기서는 '돈-행복'의 관계에 관한 중요한 두 가지 사실을 읽어내는 것이 더 먼저이기 때문이다.

———— '소비-행복'에 관한
두 가지 진실

우선은, 당연하게도, 절대적 빈곤을 벗어나지 못하면 행복하기가 현실적으로 매우 어렵다는 사실을 파악해야 한다. 실제로 그 도표를 보더라도 이라크나 짐바브웨처럼 1인당 GDP가 현저히 낮은 국가에서는 행복감 또한 아주 낮다. 이 사실을 알기 위해 이라크나 짐바브웨까지 갈 것도 없다. 지금 우리 사회에서 평범한 4인 가족이 한 달에 100만 원도 안 되는 돈으로 충분히 행복할 수 있다는 이야기는 그 자체로 헛소리니까 말이다. 절대적 궁핍함에 시달리는 사람에게 "행복은 마음가짐에 있는 것입니다!"라고 말하는 사람이 있다면, 엉덩이를 걷어차 줄 것이다. 절대적 가난이란 행복은 고사하고 생존을 위협할 수 있으니까. 최저생계비라는 측면에서 돈은 행복을 보장한다.

하지만 여기서 또 하나의 중요한 사실을 놓쳐서는 안 된다. 돈은 일정 정도의 액수를 넘어서면 결코 행복을 담보하지 않는다는 사실이다. 도표를 보며 '1만 달러 이상이면 행복감은 별 차이가 없다'는 건조한 이야기를 하는 대신 누군가의 일상을 들여다보도록 하자.

나는 치과 의사를 한 명 알고 있다. 그는 어린 시절부터 넉넉지 않은 가정형편에서 자랐다. 그래서 대학 시절에는 늘 과외를 하면서 등록금과 용돈을 벌어야만 했다. 하지만 지금 그는 다르다. 그럴듯한 치과를 개원하고 50평대 넓은 아파트에 살고, 외제 차를 타고 다닌다. 그런데 나는 그가 학생 시절에 과외를 하며 살았던 때보다 지금이 더 행복한지는 잘 모르겠다.

대학 시절 과외를 해서 번 돈으로 평소 갖고 싶었던 청바지를 사고, 맛있는 것을 사먹을 때의 그는 정말이지 행복해 보였다. 소소한 것들 앞에서 얼마나 행복해했는지 모른다. 경제적으로 훨씬 부유해진 지금의 그는 백화점에서 사고 싶은 것을 얼마든지 살 수 있고, 실제로 그렇게 사기도 한다. 하지만 그 모습에서 예전의 행복한 모습은 찾을 수가 없다. 심지어 심드렁해 보이기까지 했다. 그저 돈을 쓰고 물건을 집으로 가지고 올 뿐, 청바지를 사고 맛있는 것을 먹으며 느꼈던 그 소소한 즐거움에 행복해하던 예전 모습은 전혀 찾을 수가 없었다.

——— 더 많이 소비하면
더 행복해질까?

그를 보며 돈의 액수가, 소비 능력이, 곧 행복을 의미하지는 않는다는 것을 알 수 있었다. 늘 돈에 쪼들리며 사는 우리로서 그 치과의사에게 쉬이 감정이입할 수는 없겠지만, 소비 능력이 곧 행복을 의미하지는 않는다는 삶의 진실만은 받아들일 필요가 있다. 앞서 소개했던 지그문트 바우만의 이야기를 다시 한 번 되새겨보자.

"1인당 GDP가 일정 수준을 만족시키지 못할 경우 불행하다고 느끼게 되지만, 어느 선을 넘으면 1인당 GDP와 행복지수 사이에 거의 연관성을 찾아보기 어렵다."

바우만의 주장은 옳다. 우리네 몸이 느낄 수 있는 행복감이란 것은 어느 정도의 소득수준 이상이면 크게 차이가 나지 않기 때문이다. 고급 호텔 수영장에서 수영하는 것과 한강 고수부지에서 수영하는 것, 최고급 레스토랑에서 식사를 하는 것과 근처 식당에서 맛있는 음식을 먹는 것, 벤틀리를 타는 것과 아반떼를 타는 것에서 우리 몸이 느끼는 만족 감은 크게 다르지 않다. 만약 차이가 난다고 느낀다면, 그것은 우리의 몸이 느끼는 것이 아니라 심리적인 탓이 더 큰 까닭이다.

과도한 소비 능력은 오히려 불행을 담보하는 것인지도 모른다. 부유하지 않았지만 화목했던 가정에 뜻하지 않게 많은 돈이 생긴다면 더 행복해질 수 있을까? 행복해지는 경우는 예외적이고, 불화에 휩싸이는 경우가 더 일반적이다. 없이 살았지만 서로를 이해하고 사랑했던 부부나 연인이 어느 날 많은 돈이 생겼을 때 각자 서로의 탐욕을 좇아 불행한 이별을 하는 경우도 많이 보았다. 언제나 돈에 대한 결핍을 안고 사는 우리는 '더 큰 부유함'이 '더 큰 행복'을 담보할 거라 확신하지만 실제 현실은 전혀 다르다. 과도한 부유함은 행복이 아니라 불행의 시발점이 되는 경우가 빈번하다.

소비와 행복에 대한 상관관계는 이렇게 정리할 수 있을 것 같다. 최저 생계비조차 충족시키지 못할 정도로 낮은 경제적 능력은 행복을 가로

막는 요인으로 작용한다. 분명한 사실이다. 하지만 일정 정도의 소비 수준을 갖춘 후라면 경제적 능력은 더 이상 행복에 영향을 미치지 못한다는 것 역시 분명한 사실이다. 전자만큼 후자 역시 삶의 진실인 것이다. 더 많은 돈을 벌고, 더 많은 소비를 하면 지금보다 더 행복해질 것이란 생각은 허황된 믿음으로, 소비에 대한 과도한 결핍감이 만들어낸 거짓 환상일 뿐이다.

게다가 '소비를 통한 행복'이 철저하게 '자본에 의해 만들어진 것'이라는 사실을 생각하면, 소비를 통한 행복은 더더욱 허망하다. 자본은 끊임없이 상품의 '기호가치'를 무기로 우리에게 소비를 강요했음은 앞서 이야기했다. 이제 자본이 어떻게 우리에게서 '소비의 자유'마저 빼앗아갔는지 확인해보자.

5··· 우리는 자유롭게
소비한 적이 없다 단 한 번도

"김 대리, 차 한 대 뽑았다며? 요새 쪼들린다더니?"
"그냥, 사고 싶어서 샀어요."

"너 그것 못 보던 목걸이다? 비슷한 거 있지 않았어?"
"맞아, 비슷하긴 한데, 사고 싶어서 하나 샀어."

사람들은 자신이 자유롭게 소비한다고 생각한다. 돈만 있다면, 자신에게 상품을 살 수도 혹은 사지 않을 수도 있는 선택권이 있다고 여긴다. 누군가 총, 칼을 들이밀면서 돈을 쓰라고 겁박하지 않는 한 우리는 자유롭게 소비한다고 느낄 수밖에 없다. 하지만 사실일까? 정말 자신의 의지를 가지고 자유롭게 소비하고 있는 걸까? 쉽게 장담할 수 있는 문제가 아니다. 자본주의라는 놈이 그렇게 호락호락하지가 않다.

자본주의는 총, 칼을 들지 않았을 뿐, 언제나 우리에게 무자비하게 소비를 강요한다. 어쩌면 우리는 자본의 집요한 공격에 의해 소비 '당하고' 있는 것인지도 모르겠다. 자본은 우리가 돈을 들고 있는 꼴을 보지 못한다. 우리가 돈을 써야 자본주의가 원활하게 작동하고, 그래야만 자본은 스스로 더 많은 이윤을 축적할 수 있기 때문이다. 우리가 소비해야, 자본주의가 생존할 수 있다는 이야기이다. "내 돈 가지고 안 쓰면 그만이지 소비당하는 건 뭐야?"라고 의문을 제기할지도 모른다. 그 의문에 답하기 위해 자본이 얼마나 집요하게 소비를 강제하고 강요하는지 자본의 무기를 구체적으로 점검해보자.

—— 첫째,
불안

자본은 인간의 불안을 확대 재생산함으로써 소비를 집요하게 부추긴다. 부추김 정도가 아니라 협박에 가깝다. 내가 겪은 실제 사례를 이야기하는 것이 좋겠다. 직장을 그만두고 아이와 함께 있을 수 있는 시간이 많아졌다. 그래서 종종 아이와 어린이 채널을 함께 보곤 한다. 어느 날 그 채널에서 아이들 보험 상품 광고가 나왔다. "어린 아이들은 자주 다쳐요", "치료비가 만만치가 않아요", "앞으로 무슨 일이 일어날지 모르잖아요"라며 아이 엄마들끼리 둘러앉아 수다를 떠는 콘셉트의 광고였다.

한눈에 딱 봐도 작위적이기 짝이 없는 광고였지만, 놀랍게도 그 광고를 보면서 평소에는 하지도 않았던 수많은 걱정이 스멀스멀 고개를 드는 것이 아닌가? 평소 아이가 놀이터에서 위험하게 뛰어다녔던 장면도 생각나면서. 나름 자본주의에 대해 이것저것 공부하고 그것을 비판적인 시각으로 바라볼 수 있다고 자부했지만, 그 광고로 인해 나는 여지없이 불안해졌다. 자칫했으면 전화기를 들어 보험가입을 할 뻔했다.

자본은 늘 이런 식이다. 자본은 미래에 대한 인간의 근본적인 불안감을 끊임없이 자극하고 확대 재생산한다. 그런 후에 불안을 해소해주겠다며 은근슬쩍 상품(보험)을 꺼낸다.

그뿐만이 아니다. 동창회에 나가서 친구가 어떻게 지내냐는 말에 '말없이 자신의 자동차를 보여주었다'고 말하는 자동차 광고가 있다. 이 광고는 무엇을 말하고 있는 것일까? '그 나이 될 때까지 이 정도 자동차도 없으면 어떻게 하냐?'라고 암묵적으로 겁박하는 셈 아닌가? 이런 교활한 광고를 무비판적으로 받아들이면, 지하철을 타고 동창회에 갈 때 동창들에게 무시를 당하지 않을까 불안하지 않을 도리가 없다.

'좋은 남자친구가 되려면 이 정도는 사야 된다', '사랑받는 여자친구가 되려면 이 정도는 사야 된다'는 식의 광고는 이미 흔하다. 그런 광고는 우리 모두의 불안을 자극하고 확대 재생산하는 쪽으로 기능한다. 그리고 우리는 특정한 상품을 소비하지 못할 때 불안해지는 것이다. 연인에게 사랑받지 못하는 사람이 될지도 모른다는 무의식적인 예감 때문에. 이처럼 자본은 미래에 대한 불안뿐만 아니라 타인의 시선으로 인해 발생하는 불안까지 이용해 집요하게 소비를 강요한다.

불안을 이용해서 소비를 강요하는 것은 여기서 그치지 않는다.

맞벌이를 하지만 비정규직인 탓에 형편이 그다지 좋지 못한 부부를 알고 있다. 그들은 자신의 소득 수준으로는 보내기 버거운 영어 유치원에 아이를 보낸다. 왜 그럴까? 그 유치원 광고 전단지에는 이렇게 적혀 있다. '영어, 지금부터 준비하지 않으면 영원히 늦습니다!' 이들은 혹여 자신의 아이에게 충분한 교육을 해주지 못해 지금 자신들이 사회로부터 받고 있는 불이익을 아이에게도 물려주게 되지는 않을까 불안한 것이다. 그래서 비싼 비용을 지불하고, 심지어 아이가 원하지도 않는 영어 유치원에 기를 쓰고 보내는 것이다. 이처럼 자본은 미래, 타인, 자녀 등

동원 가능한 모든 방법을 이용해 불안을 확대 재생산해 치밀하고 집요
하게 소비를 강제하고 강요한다.

둘째,
흉내 내기

인간은 기본적으로 누군가를 흉내 내려는 욕구
가 있다. 이것은 아이를 키워보면 정확히 알 수 있다. 아이들은 함께 시
간을 많이 보내는 사람의 흉내를 낸다. 말투, 어휘는 물론이고 제스처까
지. 그래서 '애들 앞에서 찬물도 못 마신다'는 속담이 나온 것일 테다. 이
본능에 가까운 모방 욕구에 역시나 자본 또한 집요하게 파고든다. 이것
은 매력적인 스타들에게 왜 그리 협찬이 많이 붙는지를 보면 단박에 알
수 있다. 매력적인 스타를 흉내 내려는 욕구는 결국 그 스타가 입었던
옷, 신발, 액세서리의 소비로 이어질 수밖에 없기 때문이다.

대중가요나 드라마 혹은 영화가 히트를 치고 나서 강남이나 명동에
나가면 정말 가관이다. 한때는 황신혜 스타일, 이효리 스타일, 박신혜 스
타일 등 아예 노골적으로 특정 스타를 내세워 상품을 팔기에 여념이 없
었다. 스타를 흉내 내기 위한 대중의 모방 욕구를 끊임없이 확대 재생산
해냄으로써 소비를 자극하는 것이다. 누구누구 스타일이 하나의 유행

으로 자리 잡게 되면, 이제 그것은 소비의 '자극'이 아니라 '강제'가 되게 마련이다. 유행하는 옷, 신발, 팔찌, 목걸이가 없어서는 안 될 '필수 아이템'이 되어 버리니까 말이다.

한국에서 '노스페이스'라는 등산용 점퍼가 불티나게 팔린 적이 있었다. 여기에는 웃지 못할 이유가 있는데, 등산을 좋아하는 사람들이 그 점퍼를 산 게 아니라 고등학생들에게 그 점퍼가 필수 아이템이 되었기 때문이었다. 이처럼 굳이 스타가 아니어도 좋다. 특정 공동체에 소속되어 있다는 만족감을 주는 흉내 내기로서 소비는 집요하게 강제되기도 한다. 실제로 노스페이스 점퍼가 없는 아이들은 학교에서 왕따를 당하기도 했었다니, 이쯤 되면 소비를 어찌 선택이라 할 수 있을까? 그것은 강제나 강요와 다를 바 없다.

———— 셋째,
구별 짓기

언젠가 극장에서 영화를 보기 전에 광고가 하나 나왔다. 노랑, 분홍색으로 미려하게 디자인된 디지털 카메라 광고였다. 그 광고의 슬로건은 '꺼내고 싶은 카메라, 훔쳐보고 싶은 카메라'였다. 순간 피식 웃음이 났다. '이제는 광고가 아예 대놓고 사람의 구별 짓기 욕망을 건드리는구나!' 싶은 생각이 들었기 때문이었다. 카메라의 주요 기능인 화소나 편리 기능에 대해서 이야기하기보다 그 카메라를 들고 있으면 사람들에게 주목받을 수 있다는 것을 노골적으로 판매 포인트로 내건 것이었다.

자본주의는 인간이라면 누구나 가지고 있는 '구별 짓기'라는 욕망을 아주 잘 이용한다. 인간에게는 모방 본능만 있는 것은 아니다. 프랑스의 사회학자 피에르 부르디외^{Pierre Bourdieu}는 '정도의 차이는 있겠지만, 인간이라면 타인과 자신을 구별 지음으로써 주목받고 싶다는 욕망이 있다'는 이야기를 한 적이 있다. 예외는 거의 없다. 심지어 '나는 누가 알아주지 않아도 상관없으니 초야에 묻혀 살고 싶다'는 내용의 책을 쓰는 철학자들조차 자신의 책에 본인의 이름만은 꼭 기록해 두고 싶어 하니까 말이다. 분명 구별 짓기에 대한 욕망은 인간의 본능에 가깝다.

자본주의가 초장기 그 외연을 확대하던 시기에 내걸었던 단어가 있다. 바로 '개성'이다. 자본은 개성적인 존재가 매력적인 존재라고 끊임없이 외쳐 댔다. 그 덕분에 같은 옷을 입고, 같은 신발을 신는 것은 촌스러운 일이 되어 버렸다. 그런 의미에서 이제 사람들은 노골적으로 '흉내 내는' 상품에 대해서는 다소 시큰둥해진 것이 사실이다. "난 소중하니까!"를 연신 외치는 사람은 이제 싸구려 흉내 내기 대신 자신만의 개성을 발현하려고 애쓴다. 하지만 이 개성이라는 것은 사실 냉정히 말해 소비의 촉진제일 뿐이다.

예를 들어보자. 비슷한 청바지에 지퍼의 위치를 바꾸고 색상과 디자인을 조금 바꾸어 '새로운 스타일의 개성 넘치는 청바지'라고 광고를 하며 판다. 그것도 비싸게 말이다. 자본은 이런 식으로 어제까지 개성 넘치던 상품을 하루아침에 촌스러운 상품으로 만들어 버린다. 그러곤 '새로운 유행에 맞춘 개성을 표현하라!'고 강변한다. 그렇게 우리는 유행에 뒤처지지 않기 위해, 개성 넘치는 매력적인 사람이 되기 위해, 별반 다를 것 없는 청바지와 티셔츠, 신발, 액세서리를 계속 사다 모을 수밖에 없게 되는 것이다.

남들보다 빨리 유행하는 청바지, 티셔츠, 신발을 구입할 수 없다면 다른 사람과 구별 짓기를 할 수 없다. 그렇게 되면 사람들의 부러운 시선을 받기는커녕 졸지에 촌스러운 사람이 되는 것은 시간문제다. 엄밀히 말해 자본이 요구하는 개성은 개성이 아니다. 자신을 표현한다는 명목 아래 샀던 옷이나 신발, 액세서리는 이미 수천 명, 아니 수만 명이 하고 돌아다니고 있을 테니까. 정확히 말하자면 구별 짓기를 강요하는 개성은 앞서 언급한 '흉내 내기'와 본질적으로 같다. 단지 차이가 있다면 구별 짓기는 '초단타' 흉내 내기일 뿐이다.

유행을 제일 먼저 '흉내 내기' 위해 상품을 소비해서 잠시 '구별 짓기'에 성공하는 것, 그것을 개성이라고 믿고 있는 것일 뿐이다. 그리고 다른 사람들이 모두 그 '흉내 내기'를 하면 재빨리 또 다른 상품을 사서 새로운 흉내 내기를 하는 것일 뿐이다. 이것이 이 시대의 개성 넘치는 소위 패셔니스타, 패션피플들 대부분의 자화상이다. 서글프게도 우리는 구별 짓고 주목받기 위해 자본이 만들어 놓은 소비의 사이클에서 쳇바퀴 돌 듯 살고 있는 것이다. 그 쳇바퀴를 도는 사이에 우리 주머니가 털리고 있다.

—— 될 것 같으면 모조리 상품으로 만들다

소비의 집요함은 여기서 끝나지 않는다. 소비는 이제 자가발전 수준으로 끊임없이 강요된다. 자본주의가 극단으로 치달으면서 무분별한 자연 파괴가 횡행했고 그로 인해 환경은 나빠졌다. 하지만 자본은 스스로를 돌아보고 반성하기는커녕 자신이 야기한 문제를 해결한다는 명목으로 또 다른 상품을 만들어내고 있다. 지금 우리는 깨끗한 물과 상쾌한 공기마저 돈으로 사야 하는 시대를 살고 있다.

물과 공기를 더럽힌 장본인이 바로 자본 아니었던가? 그런데 그 장본인이 다시 깨끗한 물과 공기를 팔아 이윤을 축적하고 있는 것이다. 이건 지나가는 사람들을 무자비하게 팬 뒤, 당한 사람이 아프다 하니 약을 강매하는 협잡꾼과 무엇이 다를까? 자본이 무슨 짓을 하고 있는지 응시할 수 있다면, 지금 상황이 얼마나 황당하고 당황스러운지 어렵지 않게 알 수 있다. 협잡꾼과 다를 바 없는 자본은 소비될 것 같은 모든 것을 상품으로 만든다. 이런 식의 소비 강요는 물, 공기와 같은 자연의 상품화로만 끝나지 않는다.

자본주의는 필연적으로 과도한 경쟁을 부추기고 유발할 수밖에 없다. 그렇게 각박한 세상을 사느라 우리들은 이제 너무 지쳐 버렸다. 그러자 놀랍게도 자본주의는 어느 순간부터 자신으로부터 가장 거리가 먼 '사랑'이라는 가치에 눈을 돌리기 시작했다. 자본주의에 지쳐 버린 사람들의 호주머니를 털기 위해서 말이다. 자본주의가 첨예해지면서 가족이라는 공동체에 더욱 목을 매게 된 이유도 바로 여기에 있다. 오직 경쟁만이 남은 냉혹한 자본주의 시대에 사랑이라는 가치가 남아 있을 만한 곳은 혈연집단인 가정뿐이란 사실을 직감한 까닭이다.

그리고 자본은 사랑까지 팔기 시작했다

사람들의 이런 절박한 갈증을 자본이 그냥 넘어갈리 없다. 자본은 사랑마저 상품으로 만들어 팔기 시작했다. 그 대표적인 상품이 바로 '생명보험'이다. 생명보험이 무엇인가? 내가 죽어야지 돈이 나오는 보험 아닌가? 내가 죽으면 모든 것이 끝인데, 그런 보험을 왜 든단 말인가? 생명보험을 파는 친구가 있었다. 그가 보험을 팔 때의 논리는 이렇다.

"당신은 죽지만 남은 가족들은 잘 살아야 하지 않겠어요? 가장으로서 가족들에게 그 정도의 사랑은 남겨두고 떠나야 하지 않겠어요?"

자본주의에 찌들어 이제 남은 것은 가족밖에 없다고 생각하는 사람들에게 생명보험의 논리는 설득력을 가질 수밖에 없다. 가족 사랑의 논리에 약간의 감성적인 어법을 더해 생명보험 가입을 권유하면 그것을 뿌리치기가 여간 어려운 일이 아니다. 이제 자본은 사랑마저도 보험이란 형태로 팔아먹는다. 사랑마저 상품으로 만들어 집요하게 소비를 강요하는 것이다.

요즘 들어 인문학 열풍이 불고 있는 것도 마찬가지다. 자본주의가 극심해짐에 따라 돈 이외의 가치에 목말라하는 사람들이 많아지게 되었다. 그리고 그 요구에 맞춰 인문학이나 철학 관련 책, 강연이 봇물 터지듯 상품으로 쏟아져 나오게 된 것이다. 사람들을 지치게 만들고 피폐하게 만든 자본주의로부터 벗어나고자 했던 곳에서조차 자본이 만든 상품이 도사리고 있는 것 아닌가. 인문학 책으로 독자 여러분을 만나고 있는 내가 이런 말을 하자니 조금 이상한 기분이 들지만, 정말 자본주의를 피할 곳이 없다.

체 게바라[Che Guevara]가 프린팅 된 옷을 입고 지나가는 사람을 볼 때마다 나는 적잖이 당황스럽다. 자본주의는 상품이 된다면 체 게바라마저 철저하게 이용한다. 체 게바라가 누구인가? 무장 혁명을 불사할 정도로 급진적인 정치가이자 혁명가 아닌가. 쿠바의 혁명 아이콘이 바로 체 게바라다. 체 게바라의 혁명 정신이 제대로 이해되기만 한다면 자본주의 체제 자체가 위태로울 수도 있건만 자본은 그런 것조차 개의치 않는다. 체 게바라뿐만 아니라 김일성이나 김정일, 김정은도 매력적이라면 상품으로 만들어낼 것이다. 돈이 된다면 무엇이든 상품으로 만드는 것, 그게 자본주의다.

———— 자아마저
분열하게 만드는 소비

소비의 집요함이 여기서 끝이라고 생각하면 심각한 오판이다. 제국주의 시절은 이미 지났으니 새로운 식민지를 개척해서 소비시장을 확대할 수는 없다. 하지만 자본은 결코 소비의 강요를 포기하지 않는다. 자본은 이제 소비시장을 확대하고, 상품의 소비를 더욱 촉진시키기 위해 우리의 자아마저 분열시키기 시작했다. 우리는 자신도 모르는 사이에 자아가 분열되기 시작했다. 정신병까지는 아니지만, 일정 정도 다들 자아분열을 겪고 있는 시대를 살아가고 있다. 궤변이 아니다. 지금 우리의 삶을 한번 곰곰이 돌아보자.

한 여성이 있다. 그녀는 한 남편의 아내이고, 두 아이의 엄마이며, 직장에서는 커리어 우먼이다. 자본은 이런 한 여성이 가지는 몇 가지 역할 모델을 토대로 자아분열을 조장한다. 우선 갖가지 상품, 예를 들면 구두나 목걸이 같은 상품을 광고함으로써 아내이자 여자로서의 아름답고 싶은 욕망을 자극한다. 그리고 믹서, 칼, 냉장고, 청소기 같은 주방·가정용 상품으로 훌륭한 아내로서의 욕망을 자극한다. 그뿐인가? 세련된 정장, 가방 같은 상품으로 커리어 우먼으로서의 욕망을 자극한다. 아이 엄마를 상대로 한 상품들은 일일이 열거하기도 힘들 지경이다. 자본은 더 많이 소비시키기 위해 한 사람의 자아까지 산산이 쪼개 놓는 것이다.

남자도 마찬가지다. 자본은 '남편', '아빠' 그리고 직장의 '팀장', 테니스 동호회 '회원'으로서의 자아를 끊임없이 분열시킨다. 남편, 아빠, 팀장, 동호회 회원이라는 자아가 통합되어 있을 때의 소비가 1이라고 가정해보자. 그런데 그 남자의 정체성을 산산이 쪼개어 자아를 분열시킨 후에는 소비가 4, 아니 5, 6도 될 수 있다. 생각해보자. 근사한 남편이 되기 위해 소비해야 할 상품이 있고, 멋진 남편이 되기 위해 소비해야 할 상품도 있게 마련이다. 마찬가지로 믿음직한 팀장이 되기 위해 소비해야 할 상품 또한 널려 있지 않은가?

——— 자본의 교활함
소비의 집요함

자본은 광고와 갖가지 매체를 동원해 한 사람의 내면을 산산이 쪼갠다. 훌륭한 아빠와 멋진 남자의 내면을 쪼개는 것이 자본이다. 광고와 잡지에서 훌륭한 아빠는 언제나 널찍한 캠핑카를 몰고 다닌다. 하지만 그 다음 광고와 그 다음 페이지 잡지에는 멋진 남자가 문짝 두 개 달린 스포츠카를 타고 다니는 모습이 등장한다. 그럼 어찌 되겠나? 분명 우리는 훌륭한 아빠가 되기 위해 캠핑카를 사고, 또 멋진 남자가 되기 위해 스포츠카를 사고 싶다는 소비 욕구에 시달리지 않을 수 없다. 급기야 자아가 완벽히 분열되고 거기에 불운(?)하게 돈까지 많다면, 우리는 불필요한 자동차를 두 대나 사게 될지도 모를 일이다.

얼마 전 방송된 어느 SUV 자동차 광고가 인상적이었다. '가족들과 함께 탈 때는 훌륭한 아빠가 되고, 혼자 탈 때는 속도를 잘 내는 멋진 남자가 타는 차'라는 식의 광고였다. 경기가 안 좋은 요즘에는 자본이 역으로 공격해 들어오기도 한다. SUV 자동차를 한 대 사면 두 가지 자아를 모두 만족시킬 수 있다는 것이 그 광고의 핵심 메시지인 것이다. 자본이 집요하게 쪼갠 자아를 다시 통합함으로써 그것이 합리적인 소비라고 부추기는 것이다. 이쯤 되면 존경스러울 정도다. 자본은 경기가 좋을 때나 안 좋을 때나 언제나 소비를 강제할 수 있는 갖가지 방법들을 보유하고 있는 셈이다.

자본은 그만큼이나 집요하게 우리의 소비를 강요하고 강제한다. 이쯤 되면 자본이 기만적이고 교활하다고 느끼기보다 섬뜩하고 무섭다고 느껴지는 것은 정말 나뿐인 걸까? 우리가 자유롭게 소비하고 있다고 확신하기 전에 우리의 내면과 우리를 둘러싼 자본의 민낯을 한 번쯤 진지하게 되돌아볼 일이다. 월급이 통장에 잠깐 출석 도장만 찍고 어디로 가는지도 모르게 사라지는 것을 그저 지켜만 보고 싶지 않다면 말이다.

이런 교활하고 집요한 자본, 소비에 질려 그 악순환을 벗어나고자 하는 이들도 물론 있다. 그리고 이 끈질긴 자본은 이들을 끝까지 잡아챈다. '궁상'이라는 이름을 들이밀면서 말이다.

6... 궁상을
떤다는 것

"직장을 그만두니 좋네. 이렇게 너랑 평일에 낮술도 한잔하고."

"좋기는 하네. 근데 백수 둘이서 싼 고깃집을 찾아다니는 게 좀 서글프기도 하다."

친한 친구가 한 명 있다. 직장을 그만두면 평일에 꼭 그와 맛있는 고기에 낮술을 한잔하리라 마음먹고 있었다. 직장을 그만두고 드디어 소원을 성취했다. 괜찮은 고깃집을 찾았고 거기서 그와 낮술을 한잔했다. 그날 정말이지 행복했다. 평일에 지하철을 타고 낮술 한 잔을 하러 가는 여유도 너무 좋았고, 마음이 통하는 친구와 이런저런 이야기를 할 수 있는 것은 더더욱 좋았다. 게다가 기분 좋을 정도로 취해서 고깃집을 나설 때, 코끝을 간질거리던 그 초가을의 냄새까지. 어느 영화제목처럼 '이보다 더 좋을 수는 없다'고 느껴졌다.

　나만큼은 아니었을지라도 분명 그도 행복했을 것이다. 하지만 그는 마음 한편이 조금 찜찜했었나 보다. 그 찜찜함의 정체는 분명 '궁상'이었을 게다. 그는 어린 나이부터 조직을 떠나 혼자 밥벌이를 하니 수입도 일정치 못했고, 그로 인해 종종 생활의 곤궁함에 빠지곤 했다. 일찍이 성공해서 돈을 잘 버는 친구들을 볼 때면 상대적 박탈감 또한 느꼈을 것이다. 그는 백수 둘이서 싼 고깃집을 찾아 서울에서 경기도의 한적한 곳까지 오는 자신의 처지가 처량하게 느껴졌던 것 같다. 백수 둘이서 싼 고깃집을 찾아다니느라 궁상을 떨고 있다고 생각했을 것이다.

　어렴풋이 느껴지는 처량함 혹은 궁상. 이 궁상이란 것은 소비라는 것을 숙고할 때 아주 중요하다. 능력 있고 야심 있는 사람들이야 남들과 구별 짓기를 통한 상대적 우월감을 느끼기 위해 소비에 시달리지만, 평범하거나 소박한 사람들은 조금 다르다. 평범하거나 소박한 사람들은 찌질하게 궁상을 떨며 살아서는 안 된다고 생각하기 때문에 소비에 시달린다. 이처럼 궁상은 소비를 이해하는 매우 중요한 테마다.

　지인 중에 "이제 절대 다른 사람에게 아이들 옷은 얻어 입히지 않을 테야!"라고 언성을 높였던 사람이 있다. 내용인즉슨 아는 선배에게 아이들 옷을 얻어 왔는데, 그중 몇 개가 누런 얼룩이 있는 지저분한 옷이었던 것이다. 지인은 그 옷을 보며 "사람을 뭐로 보고, 진짜 없이 산다고 무시하는 거야 뭐야! 이제 내가 더 벌어서 애들 옷 사 입히고 말지"라고 말했단다. 자신의 선배가 준 옷 중에 깨끗하고 좋은 옷도 많았음에도 과도하게 역정을 내고 불쾌했던 이유는 스스로 자신이 궁상을 떨고 있다고 느꼈기 때문일 것이다.

─── 궁상
VS 궁상

나 역시 궁상떨며 살고 싶지 않다. 또 누군가 찌질하게 궁상떠는 모습도 보기 싫다. 친구들과 술 한잔 먹고 계산대 앞에서 쭈뼛거리는 궁상도 싫고, 생활이 빠듯하다는 핑계로 힘든 사람들에게 기부하는 몇천 원조차 아까워하는 궁상도 싫다. 직원들을 해고하면서 '나도 먹고 살아야지'라며 엄살에 가까운 궁상을 떠는 사장은 더욱 꼴 보기 싫다. 나 역시 궁상맞게 살고 싶지 않다. 정당하게 노동을 해서 번 돈으로 쓰고 싶은 곳에 당당하게 돈을 쓰며 살고 싶다.

하지만 그럼에도 불구하고 가끔 어떤 이는 내게 궁상맞다고 말하기도 한다. 그도 그럴 것이 글 쓰는 것을 업으로 삼는다는 사람이 마땅한

집필실도 없어, 아침에는 카페에서, 오후에는 도서관을 전전하며 글 쓰
는 삶을 살고 있기 때문일 것이다. 나에게 궁상스럽다고 말하는 사람의
심정을 이해 못 할 것도 없다. 집필실이 없는 것은 물론이고, 점심도 가
급적 사 먹지 않는다. 가능하면 전날 집에서 간단하게 도시락을 준비해
서 혼자서 먹는 일이 다반사다. 맞다. 이런 모습이 어떤 사람에게는 지
지리 궁상맞아 보일 법하다.

하지만 궁상에도 종류가 있다. 두 가지 궁상을 구분함으로써 소비에
관한 조금 다른 철학을 세울 수 있는 실마리를 얻을 수 있을지도 모른
다. 그렇다면 먼저 우리가 일반적으로 찌질하고 처량하게 여기는 궁상
에 대해서 조금 더 깊이 논의해보자.

강요된
궁상

우선은 '강요된 궁상'이다. 일반적으로 우리가 '궁
상스럽다'라고 할 때 느껴지는 부정적인 감정은 대부분 이 강요된 궁상
인 경우다. 앞서 말한 친구와 아이의 옷을 얻어온 지인이 대표적인 예가
될 수 있겠다.

이 강요된 궁상은 본질적으로 타인의 시선과 깊은 관련이 있다. 스스로 자신을 바라보는 것이 아니라 타인이 자신을 어찌 볼 것인가에 집착하는 사람은 필연적으로 이 강요된 궁상에 갇혀 지낼 수밖에 없다.

내 친구가 한적한 고깃집에서 느낀 씁쓸함은 근본적으로 타인의 시선에서 기원한다. '돈벌이도 시원찮은 백수 둘이서 고기 한번 먹어보겠다고 지하철을 한 시간이나 타고 오는 모습을 타인은 어떻게 볼까?'라는 생각 때문에 자신이 궁상스럽다고 생각하게 된 것이다. 선배에게 아이들 옷을 물려받은 사람도 마찬가지다. 누런 아이 옷을 보며 자신의 신세가 처량하다고 느끼고 스스로 궁상스럽다고 느낀 이유는 '돈이 없어서 아이들 옷도 얻어 입히는 자신을 다른 사람은 어떻게 바라볼까?'라는 생각 때문인 것이다.

이것은 분명 강요된 궁상이다. 누가 강요했느냐? 두 번 물을 필요 없이 매체와 공모(共謀)한 자본이다. 수많은 광고, TV, 드라마에서 암묵적으로 보여주었던 이미지는 '새것은 행복, 헌 것은 불행' 혹은 '비싼 것은 행복, 싼 것은 불행'이라는 도식이었다. 행복해 보이는 사람은 언제나 산뜻해 보이며 값비싼 새것을 가지고 있었고, 불행해 보이는 사람은 언제나 너덜너덜해 보이는 싼 값의 헌 것을 가지고 있었다. 그런 이미지에 너무 오래, 너무 자주 노출되었기 때문에 우리는 궁상이 처량하고 찌질한 것이라고만 받아들이게 된 것이다.

강요된 궁상
= 자기연민 + 피해의식

강요된 궁상은 본질적으로 '자기연민'에 '피해의식'이 더해져서 만들어지는 감정이다. 매체와 공모한 자본이 만들어 놓은 궁상이라는 프레임을 내면화했을 때, 우리에게 어떤 일이 일어나게 될까? 비싼 제품이나 새 것을 살 수 없다면, 자기연민과 피해의식에 빠질 수밖에 없다. 내 친구가 맛있는 고기를 먹고도 스스로 궁상맞다고 느낀 이유가 무엇이었을까? 아이 옷을 얻어온 지인이 왜 스스로를 궁상스럽다고 느꼈을까?

맛있는 고기를 먹고도 자신이 궁상맞다고 느낀 이유는 값싼 고깃집을 찾아 멀리까지 와야 하는 자신의 신세가 처량하다는 '자기연민'과 고급스러운 식당에서 와인에 스테이크를 먹는 누군가를 보며 느낀 '피해의식' 때문이었을 것이다. 아이 옷을 얻어온 사람도 마찬가지다. 그가 스스로 궁상맞다고 느낀 이유는 '나는 아이들 옷도 맘껏 사줄 수 없을 정도로 가난한 사람이구나!'라는 자기연민과 '누구는 아이들에게 매일 새 옷을 사다 입히던데'라는 피해의식 때문이었을 것이다.

만약 우리가 강요된 궁상에 시달리고 있다면, 그것은 영화나 드라마 속의 가난한 등장인물을 보며 '진짜 구질구질하게 사네!'라며 무심히 했던 말 때문일 게다. '진짜 구질구질하게 사네!'란 말이 다시 우리에게 되돌아 와 비수처럼 박힐 때, 우리는 강요된 궁상에서 벗어날 수 없게 된다. 누군가의 가난에 대해 구질구질하다고 폄하하고 무시했던 바로 그 시선으로 타인이 우리를 바라보게 될까 봐 두려운 것이다. 그렇게 우리는 강요된 궁상으로부터 벗어나고자 더 많이 소비하고, 더 많이 일하게 된다.

───── 당당한
궁상

또 하나의 궁상이 있다. '당당한 궁상'이다. 이것은 자발적으로 가난을 선택하는 것이다. 나는 직장을 그만둔 뒤 가급적이면 돈을 쓰지 않는 것을 원칙으로 하고 있다. 자본주의 사회에서 돈을 번다는 것은 일정 정도 '타인이 원하는 일을 해주어야 함'을 의미한다는 걸 알고 있기 때문이다. 이는 돈을 적게 쓰면 적게 벌어도 되는 것 즉, 타인이 원하는 일을 적게 하고 내가 원하는 일은 더 많이 할 수 있게 된다는 의미이다. 그래서 나는 종종 궁상스럽게 산다. 타인이 원하는 일을 적게 하고, 내가 원하는 일을 많이 하기 위해서.

정직하게 말해, 나 역시 한동안은 당당한 궁상을 긍정하지 못했다. 평일에 도서관에 가면 나이 지긋한 노인들이 많다. 그들 옆에 앉아 글을 쓰면서 '젊디젊은 놈이 평일 대낮에 노인네들과 앉아서 뭐하는 짓인가?'라는 생각이 들어 내 신세가 처량하다고 느낀 적이 한두 번이 아니었다. 또 혼자 앉아서 도시락을 꺼내 먹으며 '이게 무슨 찌질한 짓인가'라는 생각도 수시로 들었다. 하지만 이제 안다. 당당한 궁상은 구질구질한 것도 아니고, 스스로를 한심스럽게 여겨야 할 일은 더욱 아니라는 사실을 말이다.

여기서 오해하지 말아야 할 것이 있다. 궁상이라는 것이 무조건 돈을 쓰지 않는다는 것을 의미하지는 않는다. 오히려 당당한 궁상은 돈을 '잘' 쓴다는 것을 의미한다. 여기서 중요한 것은 '잘'의 의미이다. 돈을 잘 쓴다는 것은 많이 쓴다는 것을 뜻하지는 않는다. 음식을 '잘' 먹는다는 것이 '많이' 먹는다는 것을 의미하지 않는 것처럼.

나는 특별한 일이 없으면 가급적 하루에 1만 원을 넘게 쓰지 않는다. 거창하게 목표를 세운 것은 아니다. 그냥 좋아하는 일을 하며 살다 보니 크게 무언가가 사고 싶다는 생각 자체가 들지 않기도 하거니와 교통비나 커피 한 잔 정도가 내가 하루에 쓰는 돈의 전부이기 때문이다.

하지만 나는 가족들과 여행을 가거나 함께 식사를 하는 데는 돈을 아끼지 않는다. 또한 아이들에게 영화, 연극, 뮤지컬을 보여주거나 책을 사주는 데에도 역시 돈을 아끼지 않는다. 그리고 평소 고마운 사람들에게 작은 선물을 하나 사주거나 좋은 음식을 대접하는 데도 돈을 아끼지 않는다. 그리고 누군가를 만나 밥을 먹거나 술 한잔을 할 때 가급적 내가 돈을 낸다. 나는 분명 돈을 많이 쓰지는 않지만, 내가 써야 한다고 생각하는 곳에는 '잘' 쓰는 편이다.

당당한 궁상은 적게 쓰고 적게 번다는 자신만의 소비 철학이다. 당당한 궁상은 돈을 쓰지 않는 것이 아니라 자신의 소비 철학에 기초하여 돈을 쓴다는 걸 의미한다. 안 쓸 때는 궁상스럽게 안 쓰기도 하지만, 써야 할 때는 당당히, 흔쾌히 돈을 쓰는 것이 바로 당당한 궁상이다.

우리가 소비에서 자유롭지 못한 이유는 절대적 돈의 액수의 문제가 아닌 경우가 더 많다. 돈을 쓰고 싶은 곳과 쓰고 싶지 않은 곳을 자신의 철학으로 스스로 정하기보다 다른 사람에게 궁상을 떠는 사람으로 보이고 싶지 않기 때문에 소비에 시달리는 경우가 더 흔하다. 강요된 궁상에 시달리는 것이다.

7··· 이제부터 당당하게 궁상떨기

———— 궁상을 긍정할 수 없다면
소비에서 자유로울 수 없다

'당당한 궁상'을 긍정할 수 없다면, '강요된 궁상'에서 결코 자유로울 수 없다. 당연하다. 당당하게 궁상을 선택할 수 없다면, 우리는 시도 때도 없이 스스로가 처량해지는 '자기연민'과 부유한 사람들을 의식해서 발생하는 '피해의식'에서 벗어날 수 없기 때문이다. 현 시대를 살아가는 대부분의 사람들은 이런 '자기연민'과 '피해의식'이 뒤엉킨 강요된 궁상에 시달리고 있다. 진짜 문제는 자기연민에 피해의식이 더해져 발생한 강요된 궁상은 여지없이 우리를 끝없는 소비로 내몬다는 사실이다.

어린 시절 유독 돈을 잘 쓰는 친구가 있었다. 함께 떡볶이를 먹거나 아이스크림을 먹을 때면 항상 그 친구가 계산을 했다. 나는 그 친구 집이 정말 잘살 거라고 생각했다. 그러던 어느 날 그 친구의 집에 놀러 갔을 때 흠칫 놀랐다. 화려하고 넓은 집에 살 거라는 나의 기대와는 달리 친구의 집은 좁고 허름했기 때문이었다. 어린 마음에 의아했다.

"이렇게 못 사는데 얘는 어떻게 항상 용돈이 많은 거지?"

나중에 안 사실이지만, 그 친구의 어머니는 음식점에서 밤늦게까지 일을 하시는 분이었다. 어머니는 아들이 친구들에게 기죽지 않기를 바라셔서 늘 많은 용돈을 주었던 것이다. 어머니는 음식점에서 늦게까지 일하는 자신의 처지가 종종 처량하게 느껴졌을 테다. 그래서 자식만은 그 궁상스러움을 느끼지 않기를 바랐던 것이다. 자기연민은 이런 식으로 우리를 과도한 소비로 내몬다.

부유하지 못한 사람이 자기연민을 느꼈을 때, 그 자기연민을 소비로 보상받으려는 경향이 있다. 이건 지금 우리의 이야기이기도 하다. 주변 사람들이 신상품을 살 때, 우리 역시 그 신상을 갖고 싶을 때가 있다. 하지만 만약 그때 돈이 없다면, 너무 쉽게 '나는 저 정도 물건도 사지 못하는 건가'라는 자기연민에 빠지곤 한다. 그 자기연민이 점점 커지면 24개월 할부를 해서라도 그 신상을 사게 될지도 모를 일이다. 적어도 그 소비를 할 때만큼은 자신 역시 그 정도는 소비할 수 있는 괜찮은 사람처럼 느껴지기 때문이다.

피해의식 또한 마찬가지다. 지인 중에 늦은 취업 때문에 서른이 훌쩍 넘어 돈을 벌게 된 사람이 있다. 그는 형편이 안 되었지만 중형 자동차를 샀다. 그것도 매달 40~50만 원을 내야 하는 할부로. 소비는 각자 취향의 문제이니 그에게 아무 말 하지 않았지만, 한번은 "너무 일찍 큰 차를 산 거 아니야?"라고 조심스레 물은 적이 있다. 그가 내게 돌린 답은 "졸업하자마자 대기업에 취업한 애들은 그랜저도 타는데, 나는 소타나도 못 타냐?"였다. 대체로 이런 식이다. 알게 모르게 내면화된 피해의식은 우리를 과도한 소비로 내몬다. 이처럼 강요된 궁상에서 자유로울 수 없다면, 소비의 문제에서도 결코 자유로울 수 없다.

——— 당당한 궁상을 선택하자

당당한 궁상을 선택하는 것이야말로 소비에서 자유로워지기 위한 첫걸음이다. 집요하게 소비하게 만드는 자본주의 체제에서 자유롭기 위해서는 자발적으로 당당한 궁상을 선택할 수 있어야 한다. 어떤 이는 그 강요된 궁상을 체면이라 부르기도 한다. 그 이름을 궁상으로 하든 체면으로 하든 그 결핍을 채우기 위한 소비는 필연적으로 우리를 불행하게 만들 것이다. 강요된 궁상은 과도한 소비를 유발하며, 이는 결국 불행 가득한 직장에서 더 많은 일을 해야 함을 의미하기 때문이다. 이것이 강요된 궁상의 치명적인 함정이다.

누가 '왜 그리 구질구질하게 궁상스럽게 사냐?'라고 면박을 준다면, 당당히 답할 수 있었으면 좋겠다.
"내 시간을 내가 원하는 데 쓰기 위해 궁상스럽게 사는 거야!"
이렇게 말할 수 있는 사람은 당당하게 소비로부터 자유로워질 수 있다.

잊지 말자. 진짜 자유는 '자유롭게 소비하는 것'이 아니라, '소비로부터 자유로워지는 것'이라는 사실을. 타인의 시선을 의식해 소비하는 것이 아니라 자신의 소비 철학에 기반을 두고 돈을 쓰면 우리는 지금보다 소비로부터 훨씬 더 자유로워질 수 있다.

구체적으로 말해보자. 34평 아파트가 아니라 24평 빌라에 사는 궁상을 긍정할 수 있다면, 삶을 소모시키는 지금의 일 대신 나름 즐겁고 의미 있는 일을 찾아볼 수 있게 된다. 그랜저가 아니라 마티즈를 타는 궁상을 긍정할 수 있다면, 일 년에 한 번 원하는 곳으로 여행을 갈 수 있을 것이다. 최신 유행의 화려한 옷을 새로이 사는 대신 낡고 허름한 옷을 입는 궁상을 선택할 수 있다면, 자신이 원하는 일을 조금 더 할 수 있게 된다. 누가 뭐라 하든 당당한 궁상을 긍정할 수 있다면, 하고 싶지 않은 일을 적게 할 수 있고 하고 싶은 일은 더 많이 할 수 있게 된다. 그게 바로 행복 아닌가?

───── 우리가 현실에 갇히는 이유는
상상력의 부재 때문이다

당당한 궁상을 선택해야 하는 이유가 또 있다. 강
요된 궁상에 갇혀 있다면 우리의 상상력은 현저히 낮아지게 마련이다.
상상력이 없는 사람은 지금보다 더 나은 삶을 살 가능성이 거의 없다.

햇수로 7년 동안 직장을 다니면서 '가슴 깊은 곳에 담아 둔 꿈 하나
없는 직장인은 없다'는 놀라운 사실을 알게 되었다. 하지만 내가 만났던
그 많은 직장인 중 거의 대부분이 하나같이 그 꿈을 그냥 꿈으로만 남겨
둔 채 먹고사는 문제에만 목을 매고 살아가고 있었다. 화가, 소설가를 꿈
꾸는 직장인들 중 자신의 꿈을 이루는 것은 고사하고, 심지어 그 꿈을
이루기 위해 실질적이고 구체적인 노력을 하는 사람마저 거의 없었다.

그들은 왜 그랬던 것일까? 너무 쉽게 '먹고사는 문제 때문이지!'라고
답하기 전에 철학자 이진경의 《삶을 위한 철학수업》이란 책을 한번 들
여다보자.

"인류학자 데이비드 그레이버는 '이타주의자들의 군대'라는 글에서 "왜 미국 대중은 그들의 이익에 반하여 공화당에 투표할까? 왜 가난한 지방 출신의 청년들은 그렇게 부도덕한 전쟁에 굳이 참가할까?"라는 질문에 해명코자 한 적이 있다. 그에 따르면, 미국의 가난한 청년들이 자신의 미래를 꿈꿀 때, 자동차 판매나 부동산업으로 성공하는 것은 상상할 수 있지만, 예술가가 되거나 철학을 가르치는 것은 상상조차 할 수 없다. 아이비리그로 대표되는 교육기관의 계급적 독점이, 그에 따른 지성과 문화로부터의 제도적 '소외'가, 그들의 꿈마저 어딘가에 가두고 있는 것이다. 꿈마저 '현실적인 성공'에 갇힌 대중이 '비즈니스'를 대표하는 공화당 쪽에 친근함을 느끼는 건 어쩌면 자연스러운 일이다."

핵심은 '가난한 사람들이 부유한 사람들의 권익을 대표하는 정당에 투표를 하는 이유'가 바로 '상상력의 결핍' 때문이라는 것이다. 가난한 청년들이 자신의 미래에 대해서 더 넓고 다양하게 상상할 수 없기 때문에 결국 자신의 이익에 반하는 사람들이 만들어 놓은 체제에 순응할 수밖에 없다는 이야기다. 예리한 통찰이다. 이것은 비단 미국의 이야기만이 아니다. 한국에 사는 우리에게도 의미하는 바가 크다.

예를 들어보자. 자신의 꿈을 이루기 위해 노력하는 직장인은 드물다.

데이비드 그레이버^{David Graeber}라면 그 이유를 상상력이 부족하기 때문이라고 답할 것이다. 평범한 월급쟁이들은 자신이 화가, 소설가, 철학가가 되는 모습을 상상조차 할 수 없다. 그러니 늘 지금의 자리에서 충분히 상상 가능한 임원이나 주식 대박만을 꿈꾸는 것일 테다. 그들에게는 이제 꿈마저 '현실적인 성공'에 갇혀 버린 것이다. 평범한 직장인이 꿈을 이루지 못하는 본질적인 이유는 '먹고사는 문제' 때문이 아니라, 그 꿈으로 먹고살 수 있는 미래를 그려볼 수 있는 '상상력의 부재' 때문인 셈이다.

───── 당당한 궁상은
상상력의 원천이다

그렇다면 이제 '그 상상력을 어떻게 확보할 수 있느냐?'의 문제만 남는다. 우선 내 이야기를 해보자. 나는 지방대 공돌이로 졸업해서 대기업에서 7년간 엔지니어로 근무했다. 그런데 지금 나는 글을 쓰는 것으로 먹고산다(딱히 잘 먹고살진 못하지만). 어린 시절부터 20대 후반까지 단 한 번도 글을 써서 먹고살 수 있을 거란 상상을 해본 적이 없다. 나 역시 대기업에 취업하는 길이 유일한 목표이자 성공이라 믿는 인생을 살았다. 그런 내가 어떻게 '글을 써서 밥벌이를 하는 것은 어떨까?'라는 발칙한 상상을 하게 되었을까?

바로 당당한 궁상을 선택할 수 있었기 때문이다. '돈? 좀 없으면 어때, 없으면 적게 쓰면 되지 뭐!'라고 생각하자 놀라운 일이 벌어졌다. 직장의 일이 아니라 내가 원하는 일로 밥벌이를 할 수 있는 더 많은 방법과 수단을 상상할 수 있게 되었다. 나는 분명하게 말할 수 있다. 그 발칙한 상상력 때문에 나름 작가로서 책을 몇 권 내고 글로 밥벌이를 할 수 있었던 것이라고. 만약 공상에 가까웠던 그 상상력이 없었다면, 나는 여전히 답답한 직장 생활에 불평불만만 되풀이하는 평범한, 그래서 불행한 월급쟁이였을 것이 분명하다.

당당한 궁상을 능동적으로 선택하지 못한다면, 강요된 궁상에 갇혀버릴 것이 분명하다. 그리고 강요된 궁상은 여지없이 우리의 상상력을 집요하게 공격할 테고, 이내 그것을 고사시켜버릴 것이다. 지금의 밥벌이에서 확실하고 안전하게 연계된 삶 이외의 그 어떤 삶의 방식도 감히 상상할 수 없게 될 것이다. 이것이 월급쟁이에서 화가로, 소설가로, 영화감독으로 직업을 전환하는 사람이 왜 그리 드문지를 설명해준다. 우리는 돈이 없어서가 아니라 상상력이 없어서 현실에 갇혀 꿈을 이루지 못하는 것이다.

철학자 이진경은 상상력의 중요성에 대해서 이렇게 말한다.

"우리에게 부족한 것은 현실의 중압감이 아니라 공상하는 능력이다. 지배적인 삶의 방식, 강요되는 삶의 방식에서 벗어난 다른 삶의 가능성이란 언제나 공상과 함께 온다. 공상은 현실감 없는 무능력에서 생겨나는 게 아니라, 이 무거운 현실에서 벗어날 길을 상상할 수 있는 여유와 능력에서 생겨난다."

결국 우리의 삶을 변화시킬 수 있는 힘은 척박한 현실에 압도당해서 느끼게 되는 불안감이 아니라, 지금의 현실에서 벗어나 행복할 수 있는 새로운 삶의 방식을 꿈꿀 수 있는 상상력에 있다는 말이다.

지긋지긋한 소비의 유혹에서 벗어나고 싶은가? 삶의 소소한 행복을 느끼고 싶은가? 자신의 가슴속 깊이 담아 둔 자신만의 꿈을 이루고 싶은가? 그렇다면 당당한 궁상을 긍정하자. 자기연민과 피해의식으로 점철된 강요된 궁상의 흔적을 과감하게 벗어던지자. 지금보다 조금 더 자발적으로 가난해지자. 없으면 없는 대로 적게 쓰고, 너무 없으면 일을 해서 돈을 벌면 된다. 그렇게 삶을 향유하자. 그렇게 우리의 진짜 삶을 살아가자. 나는 그것이 정말 행복한 삶이라고 믿고 있다.

우리의 진짜 삶은 당당한 궁상을 통해 '내가 진짜 원하는 것을 생산함'으로써 만들어갈 수 있다. 소비가 아니라.

8 ··· '진짜 나'는 소비가 아니라 '생산'에 있다

———— 소비로 '나'를
표현할 수 있을까?

"또 바꿨어? 저번 아이폰 아직 괜찮더니."

"신상이 나왔으면 바꿔주는 게 잡스 형님에 대한 예의지."

"야, 넌 아이폰 기능도 다 모르면서 왜 굳이 꼭 애플 거만 사냐?"

"뽀대나잖냐!"

친구 중에 소위 말하는 '애플빠'가 있다. 그는 MP3는 물론이고 스마트폰, 컴퓨터까지 전부 애플 제품을 사용한다. 그리고 새로운 모델이 나올 때마다 제일 먼저 구매한다. 애플 제품이 많은 장점을 가지고 있다는 건 나도 알고 있다. 하지만 적어도 내 친구는 애플이 가지는 기술적 섬세함이나 사용 편의성 같은 장점들 때문에 애플 제품을 구매하는 것이 아니다. 그가 애플을 구매하는 이유는 그의 말마따나 '뽀대나기' 때문이다. 한마디로 있어 보인다는 것이다.

이제 다시 소비와 생산에 관한 이야기로 돌아가보자. 앞서 소비를 하는 이유가 기호가치를 가지기 위해서라고 말했다. 쉽게 말해 소비하는 이유는 대개 자신의 어떤 특정한 신분이나 계급을 나타내기 위해서라는 말이다. 그렇다. 내 친구가 말하는 '뽀대'는 사실 '스마트한 사람', '얼리어답터', '기술의 최첨단에 있는 사람'이라는 특정한 신분·계급이었을 것이다. 실제로 그는 아이폰이나 맥북의 다양하고 유용한 최신 기술을 잘 사용하지 못한다. 그는 애플의 제품을 소비하면서 특정한 신분이나 계급을 표현하고 싶었던 것이다.

우리는 자신의 신분, 계급을 표현하려고 소비하는 시대를 살고 있다. 그런데 정말 소비를 통해서 자신을 표현할 수 있을까? 아마 많은 사람들이 '그렇다'라고 답할 것이다. 스포츠 브랜드 옷을 소비하는 사람은 자신이 운동을 좋아하는 역동적인 사람임을 표현할 수 있다. 또 깔끔한 니트에 면바지 그리고 뿔테 안경을 소비하는 사람은 지적인 사람임을 표현할 수 있다. 실제로 어떤 사람의 첫인상은 대부분 옷차림이나 그가 가지고 있는 물건에서 판가름 난다.

많은 사람들이 자신이 어떤 사람인지 표현하기 위해 소비한다. 그리고 일정 정도 그 소비로 자기표현이 가능하다. 귀여운 옷, 장신구를 많이 소비한 여자는 사람들에게 그런 이미지의 여성으로 비칠 확률이 높다. 지적이고 도시적인 느낌을 주는 옷, 구두를 많이 소비한 여자는 사람들에게 그런 이미지의 여성으로 비칠 확률이 높은 것도 분명한 사실이다. 그러니까 우리는 '나는 이런 모습이었으면 좋겠다!'고 생각하는 모습으로 보이기 위해 소비를 하는 셈이다.

——— 두 가지의 '나'

여기서 잠시 '나'에 대해 말해보자. 우리에게는 '진짜 나'와 '나였으면 하는 나', 이렇게 두 가지의 나가 있다. 그런데 두 가지의 '나'가 일치하는 사람은 굉장히 드물다. 평범한 사람들은 대부분 '나였으면 하는 나'를 '진짜 나'라고 억지스럽게 믿으면서 살아가기 바쁘다. 그래서 평범한 사람들은 살아가면서 문득 '진짜 나'를 대면해야 하는 순간이 오면 그 모습을 덮어두느라 정신이 없다.

자신은 항상 결단력 있고, 도전적인 삶을 살아가는 부류라고 믿고 있는 직장인이 있다고 해보자. 그에게 퇴사의 순간이 다가왔고, 바로 그

때 그는 어떤 결단도 내리지 못하고 뒤로 물러서는 자신을 발견했다. 그렇다면 그는 우유부단하며 전혀 도전적이지 않은 '진짜 나'를 받아들일 수 있을까? 그런 사람은 아주 드물다. 대개는 "꼭 직장을 그만두어야 결단력 있고, 도전적인 것은 아니잖아!"라며 '진짜 나'를 덮어두고 합리화하게 된다.

자신이 보고 싶어 하는 모습만이 '진짜 나'라고 믿고 있는 사람들에게 소비는 아주 유용하다. 소비를 통해 '진짜 나'를 은폐하고 '나였으면 하는 나'를 더욱 자극적이고 직접적으로 드러낼 수 있기 때문이다. 소비를 통해 표현하려는 '나'는 분명 '진짜 나'가 아니라 '나였으면 하는 나'일 것이다. 모든 사람이 그런 것은 아니지만, 대체로 있는 그대로의 '진짜 나'를 긍정하지 못하는 사람은 '나였으면 하는 나'를 더 표현함으로써 자신을 긍정하려고 애를 쓴다. 바로 소비를 통해서 말이다.

────── 두 가지
'나'의 괴리만큼 소비하다

일상의 사례로 말해보자. 백화점에서 날씬해 보이는 옷을 누가 더 많이 살까? 실제로 날씬한 사람은 날씬해 '보이는' 옷을 결코 사지 않는다. 있는 그대로의 모습이 날씬하기 때문이다. 오직 뚱뚱한 사람들만이 날씬해 '보이는' 옷을 사려고 애를 쓰게 마련이다. 실제로도 그렇다. 나는 한때 100kg 가까이 나간 적이 있었다. 그때 내가 옷을 사는 기준은 딱 하나였다. 색상? 아무 색이면 어떤가. 디자인? 상관없다. 오직 날씬해 보이기만 하면 됐다. 하지만 내가 73kg이 되었을 때, 단 한 번도 날씬해 보인다고 광고하는 옷을 산 적이 없다. 아니 그럴 필요를 못 느꼈다고 하는 편이 더 정확한 표현일 것 같다.

뚱뚱한 사람에게 '진짜 나'는 잔인한 거울에 비친 모습 그대로다. 접히는 뱃살에 지방이 덕지덕지 붙은 허벅지까지. 바로 그 모습이 '진짜 나'이다. 하지만 뚱뚱한 사람의 '나였으면 하는 나'는 어떨까? 아무 옷이나 입어도 잘 어울리는 날씬한 모습일 것이다. 뚱뚱한 사람이 날씬해 보이는 옷에 집착하고 많이 사다 모으는 이유는 '나였으면 하는 나'의 모습을 표현하기 위해서다. 돈을 써서라도 '진짜 나'를 은폐하고 '나였으면 하는 나'를 표현하고 싶은 것이다.

우리는 '나였으면 하는 나'의 이미지를 표현하기 위해 소비하는 셈이다. 더 심각한 문제는 '진짜 나'와 '나였으면 하는 나'의 괴리가 크면 클수록 더 많이 소비하게 된다는 사실이다. 생각해보면 당연한 일이다. 뚱뚱한 정도가 심한 사람일수록 날씬한 모습으로 비춰지기를 바라는 욕망 역시 클 수밖에 없다. 그러니 뚱뚱한 사람이 날씬해 보이는 옷을 소비할 가능성 역시 높아질 수밖에 없다. 그 욕망의 괴리는 결국 소비로 채워진다. 그것이 옷이든, 다이어트 식품이든 말이다. 두 욕망의 괴리가 크면 클수록 소비도 커질 수밖에 없다.

다행스럽게도 여기서 우리는 소비로부터 자유로워질 하나의 실마리를 얻게 된다. '나였으면 하는 나' 대신 '진짜 나'의 모습을 긍정하고 받아들이면 된다는 것이다. 그럴 수 있다면, 어느 정도 소비로부터 자유로워질 수 있다. 뚱뚱한 모습을 있는 그대로 긍정하게 되면 억지스럽게 날씬해 보이는 옷을 사지 않게 된다는 말이다.

'김지양'이라는 모델이 있다. 그녀는 '모델은 말랐다'라는 관점에서 보면 통통 아니 뚱뚱한 사람이다. 하지만 그녀는 자신의 모습을 긍정하며 당당하게 자신을 드러냈다. '진짜 나'를 긍정한 그녀와 같은 사람이 날씬해 보이는 옷을 사다 모을 일은 없을 것이다.

자신의 있는 그대로의 모습을 받아들이면 우리는 일정 정도 소비로부터 자유로워질 수 있다. 물론 이것도 쉬운 일은 아니겠지만 말이다.

　이처럼 소비는 어떤 식으로든 자신의 정체성을 표현하려는 행동 양식임을 부정할 수 없다. 하지만 소비로 표현할 수 있는 정체성은 '나였으면 하는 나'를 결코 벗어날 수 없다. '진짜 나'는 결코 소비로 표현할 수 있는 영역이 아니다. 깔끔해 보이는 면바지에 니트를 입고, 한눈에 보기에도 모범생처럼 보이는 뿔테 안경을 쓴 남자를 상상해 보자. 그는 니트, 면바지, 뿔테 안경을 소비해서 지적인 이미지로 보일 수 있다. 여기서 중요한 것은 '보일 수 있다'는 것이다. 그가 정말 지적인지 아닌지는 그 모습으로는 결코 알 수 없다.

　마찬가지로 스마트폰, 노트북, 태블릿PC 등 최신 IT기기로 무장을 한 사람을 보면 '스마트한 얼리어답터'처럼 보일 수 있다. 하지만 그가 정말 '스마트한 얼리어답터'인지는 소비한 상품만으로 알 수 없다. 소비로 우리의 정체성을 표현할 수 있다고 믿지만, 그건 어디까지나 '나였으면 하는 나'의 영역 안에서만 가능하다. 면바지에 니트를 입고, 뿔테 안경을 썼지만 조금만 이야기해보면 지적이기는커녕 무식이 철철 흘러넘치는 사람일 수도 있다. 또 갖가지 IT기기를 갖고 있지만 스마트한 얼리어답터는 고사하고 그가 하는 일이라곤 오직 통화, 문자, 오락뿐일 수도 있다.

소비로서 자신의 정체성을 표현할 수 있다는 생각은 허영이다. 돈을 주고 산 물건이 바로 우리의 정체성이라면 이것은 무엇을 의미할까? 우리의 정체성은 상품과 함께 낡아진다는 의미고, 상품의 수명이 다하면 정체성의 수명도 다한다는 의미 아닌가? 단지 '나였으면 하는 나'로 타인에게 비춰지기 위해 소비를 하는 것일 뿐이다. 소비로서 표현되는 정체성이 정말 자신의 정체성이라면, 그 삶은 얼마나 남루하고 초라할까? 비싼 차, 비싼 아파트, 좋은 옷, 최신 노트북이 한 사람의 정체성이라면 그 정체성은 차, 아파트, 옷, 노트북이 사라짐과 동시에 함께 휘발되어 버리는 것 아닌가?

진정한 정체성은 소비로 표현할 수 없다. '진짜 나'의 모습은 소비된 상품 따위로서 보여줄 수 있는 것이 아니다. 소비는 언제나 타인의 시선에 갇혀 '나였으면 하는 나'를 표현하기에 급급한 사람들의 미봉책일 뿐이다. 타인의 시선을 과도하게 의식하며 사는 한국인들에게는 더욱 그렇다. 소비 혹은 소비된 상품으로 '나는 누구인가?'라는 질문에 답할 수 있다고 믿는 사람은 순진하거나 어리석은 사람일 뿐이다. 아무리 많이 소비한다고 해도 그것으로 자신의 진정한 정체성을 나타낼 수는 없다.

'진짜 나'는 소비가 아니라 '생산'에 있다

　　이제 하나의 질문만 남는다. 소비 혹은 그 소비로 인해 소유하게 된 상품들로 자신을 나타낼 수 없다면, 도대체 우리의 정체성은 어떻게 표현할 수 있을까? 나는 그 답을 좋아하는 사람으로부터 얻었다. 그는 《골목사장 분투기》, 《착해도 망하지 않아》의 저자, 강도현이다. 그가 이런 말을 한 적이 있다.

　　"저는 소비가 아니라 생산에 의해 그 사람을 알 수 있다고 생각해요!"

　　탁견이다. 무릎을 쳤다. 자신의 정체성은 소비가 아니라 생산에 달려 있다. 쉽게 말해 '내가 무엇을 소비하느냐?'가 아니라 '내가 무엇을 생산하느냐?'가 바로 더할 것도 뺄 것도 없는 정직한 자신의 정체성이란 이야기다.

　　니트, 면바지, 뿔테 안경을 구매하는 사람이 지적인지 아닌지 우리는 알 수 없다. 하지만 자신의 생각과 철학을 담은 짧은 글을 조리 있게 쓸 수 있는 사람은 분명 지적인 사람이다. 즉 니트, 면바지, 뿔테 안경을 '소비'하는 사람이 아니라 자신의 생각과 철학이 담긴 글을 '생산'해낼 수 있는 사람이 지적인 사람인 것이다. 지적인 사람은 어려운 철학 책을 살 수 있는 사람이 아니라 자신의 철학이 담긴 글을 쓸 수 있는 사람이다. 마찬가지로 최신 스마트폰, 노트북을 '소비'하는 사람이 스마트한 얼리어답터가 아니라 그 스마트폰과 노트북으로 편리하고 유의미한 콘텐츠를 '생산'해내는 사람이 스마트한 얼리어답터다.

'진짜 나'의 모습은 소비가 아니라 '생산'에 있다. 소비를 통해 입증할수 있는 것은 타인에게 보여주기 위한 '나였으면 하는 나'일 뿐이다. '진짜 나'의 모습은 생산에 달려 있다. '진짜 나'를 알고 싶은가? 어려울 것 없다. 객관적이고 냉정하게 지금 자신이 무엇을 생산하고 있는지만 유심히 살피면 된다. 자신은 독립적이고 자유로운 사람이라고 믿고 있는 사람이 생산해내는 것이 겨우 직장 상사나 사장이 시킨 보고서뿐이라면, 그는 독립적인 사람도 자유로운 사람도 아니다. 그런 사람이 할 수 있는 것은 독립적이고 자유로운 이미지를 내건 패키지 배낭여행 상품을 소비하는 것뿐일 테다. 그래야 불편한 '진짜 나'를 은폐할 수 있을 테니까.

──── **행복, 별거 없다**
진짜 나답게 살자

어쩌면 이것은 조금 엄격하고 그래서 잔인한 이야기가 될지도 모르겠다. 돈만 있으면 얼마든지 소비로 자신의 모습을 포장할 수 있지만, 생산은 전혀 그렇지 못하기 때문이다. 생산에는 에누리가 없다. 생산은 잔인하리만치 정직한 거울이다. 자신의 정체성을 비추는 거울. 한 사람의 직업이나 일을 비하하는 것은 아니지만, 어떤 사람이 생산하는 것이 매일 반복되는 일상의 업무뿐일 때, 그는 아무리 좋은 상품을 소비하더라도 그의 정체성은 '지겹게 반복되는 존재'일 뿐인 것이다. 자신이 매일 생산해내는 것이 자신이 원하는 것이 아니라 사장이 시키는 것뿐일 때 '나'의 정체성은 노예의 그것과 크게 차이가 없다.

'나의 정체성은 생산에 달려 있다'란 이야기는 잔인한 한편 희망적이기도 하다. 우리가 당당하고 근사한 정체성을 가진 사람이 될 수 있는 비밀 또한 여기서 발견할 수 있기 때문이다. 진짜 당당하고 근사한 사람이 되려면 그런 이미지를 주는 얄팍하고 기만적인 상품을 소비할 것이 아니라 당당하고 근사한 어떤 것을 생산해내면 된다. 그런 소망스러운 것들을 생산할 수 있다면, 우리 역시 당당하고 근사한 존재가 될 수 있다. 우리를 규정하는 것은 소비가 아니라 생산에 달려 있으니까 말이다.

삶에서 '오직 자신이니까' 생산해낼 수 있는 것들을 조금씩이라도 더 생산해내려고 노력하자. 음악을 좋아한다면 가끔 기타로 좋은 음악을 '생산'하자! 조각하는 것이 좋다면 가끔 자신의 영감에 따른 조각품을 '생산'하자! 글을 쓰는 것이 좋다면 자신의 생각을 담은 짧은 글 하나를 '생산'하자! 그렇게 오직 나니까 생산해낼 수 있는 것들을 생산할 수 있을 때, 누구도 흉내 내지 않은 '오직 나다운 정체성을 가진 근사하고 멋

있는 사람'이 되어 갈 수 있을 것이다. 행복, 그것이 뭐 별건가? 자신다운 정체성을 발견하고 그 정체성을 따라 자기답게 사는 것, 그것이 바로 행복 아닐까?

소비에 대한 이야기를 시작하면서 자본주의는 '생산'이 아닌 '소비'로써 굴러간다고 이야기했다. 그렇다면 생산이 굴러가게 하는 것은 무엇일까. 당당한 궁상을 선택하고, 자유로운 시간 즉 실질적 부를 이용해 진짜 나의 삶을 '생산'하는 것. 생산이 굴러가게 하는 것은 우리의 삶, 우리의 행복이 아닐까.

우리는 행복해지고 싶다.

그렇다면
진정한 삶의 행복은
'소비의 행복'을 늘리는 것에 있을까?

아니면
'노동의 불행'을 줄이는 것에 있을까?

나를 불행하게 하는
소비에게 안녕을

1 ··· 우리의 기만성부터 극복하자

—— 강북 사람의 꿈은
강남에 사는 것이다

"요즘 사회가 너무 각박해진 것 같아. 예전에는 이 정도까진 아니었는데."

"그러게 말이야. 이게 다 신자유주의 때문이야."

"맞아, 이렇게 돈이면 뭐든 다 된다고 생각하는 사회 때문에 더 각박해진 거지."

"우리나라도 빨리 유럽처럼 복지국가로 가야 돼!"

"맞아, 맞아, 정말 그렇게 돼야 해."

약속 때문에 목동에 갈 일이 있었다. 글도 쓰고 책도 조금 읽을 요량으로 약속 시간보다 두어 시간 일찍 카페에 도착했다. 내 옆에 앉아 있던 아줌마 서너 명이서 이야기를 나누고 있었다. 아줌마들의 이야기를 듣고 마음 한편이 흐뭇해지면서 작은 희망을 보았다. 지금처럼 무한경쟁을 부추기는 자본주의 구조에 대해 의문을 제기하고 또 나름의 대안까지 생각하는 사람이 많아지고 있다는 생각이 들어서였다. 하지만 그런 흐뭇함과 희망은 얼마 가지 않았다.

약속을 끝내고 집으로 돌아가는 길에 소스라치게 놀랐다. 방금 전 자본주의의 문제에 대해 목청을 높이던 사람들이 '목동 행복주택 철수하라!'라는 피켓을 들고 시위를 하고 있는 것 아닌가! 행복주택이란 소득 수준이 충분하지 않은 사람들을 위한 저렴한 도심형 아파트다. 쉽게 말해 돈 없는 사람들도 도심에 살 수 있도록 정부 차원에서 만든 아파트다. 목동 사람들이 행복주택을 반대하는 표면적인 이유는 인구 밀집, 교통난을 꼽고 있지만 사실 본질적인 이유는 따로 있었다.

그들이 행복주택 건설을 반대하는 진짜 이유는 명문 학군으로 쌓아왔던 부유한 동네라는 이미지 손실과 그로 인한 집값 하락 우려 때문이었다. 님비 같이 어려운 사회학적 용어 대신 이 현상의 본질을 일상적인 언어로 재해석하자면 다음과 같다.

"돈 없는 인간들이 우리 동네 들어와서 집값 떨어지는 것은 용납할 수 없다!"

방금 전까지 자본주의의 병폐에 대해서 목청 높여 이야기하던 사람들이 집값 떨어지는 것에 대해서 불만을 토로하고 심지어 시위까지 하는 그 이중성에 당혹스러움을 금치 못했다.

그래, 이해 못할 것도 없다. 자기 집값 떨어지는 것이 달가울 사람이 누가 있을까? 다들 힘들게 번 돈으로 장만한 집일 테니까. 하지만 현재의 자본주의에 대한 진지한 문제의식을 갖고 있는 사람조차 약자에 대한 배려보다 내 집값이 더 중요하다면, 이건 조금 다른 문제다. '강북 사람의 꿈은 함께 잘 사는 것이 아니라 강남에 사는 것이다'라는 이야기를 들은 적 있다. 우리가 바라는 행복에는 항상 '누구보다'라는 수식어가 따라 붙는다. 안타깝지만 이게 현실이다.

── 돈에 쪼들릴 수밖에 없는 불편한 이유

목동 사람들을 욕할 것도 없다. 똑같은 상황이 펼쳐진다면 우리 역시 어찌할지 장담할 수 없다. 목동에 집이 없는 것이 오히려 다행인지도 모르겠다. 진지하게 돌아보자. 우리가 돈에 얽매여 힘든 삶을 살아가는 이유가 무엇인지. 열심히 살지 않았기 때문일까? 요즘 같은 빡센 세상에 열심히 살지 않았던 사람이 있던가?

매일 아침 직장인은 지하철에 고된 몸을 싣고 출근하여 밤늦은 시간까지 일한다. 장사를 하는 사람은 또 어떤가? 새벽부터 일어나 장사 준비를 하고 밤늦게까지 한 푼이라도 더 벌어보겠다며 고된 일을 마다하지 않는다. 우리 모두 이렇게 '열심히'란 단어보다 '가혹'이란 단어가 더 잘 어울릴 만한 삶을 살아내고 있다. 그럼에도 불구하고 여전히 경제적으로 쪼들리는 이유가 무엇일까.

그것은 우리의 기만성 때문이다. 최소한의 사람다움도 보장하지 않는 승자 독식의 자본주의는 나쁘다고 하나같이 입을 모은다. 하지만 자본주의를 움직이는 핵심 동력인 돈은 아주 좋아한다. 이러한 기만성 때문에 늘 돈에 쪼들리며 사는 것일지도 모른다. 자본주의는 인간의 기만성을 확대 재생산해 자신의 몸집을 키우고 생명을 유지한다. 직장을 다닐 때 이런 기만성을 직접 목격한 적이 있었다.

예전 직장에서 연말이란 정리해고 시즌을 의미했다. 연말이면 함께 울고 웃으며 일했던 동료의 빈자리를 허탈하게 바라볼 수밖에 없었다.

그런 서글픈 연말 어느 날이었다. 해고자 명단이 발표되자 어떤 동료가 '그 사람을 해고하지 말고 급여를 줄이자!'고 말한 적이 있었다. 분위기가 어땠을까? 다들 뒤에서 '그냥 그 사람 내보내면 되지, 왜 내 월급을 줄여'라고 수군거렸다. 현대사회의 적나라한 민낯이었다.

당장이야 다른 누군가가 해고되겠지만 언젠가는 반드시 그 대상은 내가 된다. 지금 우리가 급여를 조금 줄여 해고당할 사람을 지켜준다면 우리 역시 하루아침에 해고당해 생계를 위협받는 막막한 삶을 걱정하게 되는 일이 사라질지도 모를 일이다. 월급쟁이가 직장에서 늘 해고의 불안에 떨면서도 모든 것을 걸고 살 수밖에 없는 이유는 바로 그 자신이 부당하게 해고당하는 사람 앞에서 침묵했기 때문이다. 그 침묵은 바로 우리가 당할 해고의 침묵이기도 하다.

———— 불안,
자본주의에 세뇌 당한 대가

"함께 잘 사는 사회는 애초에 존재하지 않는다!"

자본은 끊임없이 우리를 세뇌시킨다. 사장은 직원에게 "함께 잘 살라!"고 말하지 않는다. "서로 경쟁해서 더 나은 상품이 되라!"라고 말한다. 업무도 경쟁이고, 승진도 경쟁인 그곳에서 함께 잘 살 수 있는 방법

따위는 없다. 더 심각한 문제는 그 세뇌가 완벽하게 이루어지면 더 이상 자본주의를 싫어하지 않게 된다는 사실이다. 처음에는 자본주의를 어쩔 수 없는 것이라고 치부하다가 나중에는 급기야 긍정하기에 이른다.

다른 사람을 밟고 올라서는 경쟁이란 당연한 것이고, 다른 사람이 어찌 살든 말든 일단 나부터 살고 보자는 식의 자본주의 논리를 만고불변의 진리라고 믿게 되는 것이다. 그리고 병적인 자본주의를 완전히 내면화한 대가는 필연적으로 불안으로 되돌아 올 수밖에 없다. 자본주의를 완전히 내면화하게 되면 경쟁에서 낙오한 책임은 모조리 무능한 자신에게 있다고 믿게 될 수밖에 없다. 당연하지 않은가? 무한경쟁을 긍정하는 자본주의는 만고불변의 진리인데 거기서 낙오했으니 모든 책임은 오롯이 자신에게 있는 것 아닌가? 이제 어디 하소연할 데도 없게 된 것이다. 그러니 어찌 불안하지 않을 수 있을까?

목동 사람들이 사활을 걸고 행복주택에 반대하는 이유도, 내 월급 깎아 누군가의 해고를 막느니 그냥 그 사람을 해고하라는 것도 같은 맥락이다. 집값이 떨어져 돈이 없어지면 자신 또한 행복주택에 살게 될지도 모른다는 불안감, 다른 누군가처럼 나 역시 언제 해고당할지 모르니 직장에 있는 동안은 돈을 많이 벌어둬야 한다는 불안감 때문이다. 우리는 이런 비정상적인 자본주의의 악순환에 노출되어 있다.

왜 뉴타운 공약에
열광했던 걸까?

한때 국회의원 출마자가 너도나도 내걸었던 슬로
건이 '뉴타운' 공약이었다. 그들은 '다른 데는 모르겠고, 일단 우리 동네
집값만은 확실히 올려 주겠다'는 논리 아래 뉴타운 공약을 전면에 내걸
었다. 그리고 우리 안의 자본주의적 탐욕을 노골적으로 자극했다. 사람
들은 그 탐욕에 손을 들어주었다. 멀쩡한 강을 뒤집어 파는데 천문학적
인 돈을 퍼부은 가짜 경제 대통령을 불러낸 것도 결국은 우리의 탐욕
아니었던가? 그러면서 다들 뒤돌아서면 무한경쟁의 자본주의에 문제가
있다고 입버릇처럼 말했다.

지금보다 조금 더 돈으로부터 자유롭고 싶다면 '남들보다 돈을 더 많
이 버는 방법'보다 '자본주의를 극복하는 방법'을 고민하는 것이 더 현
명하고 지혜롭다. 극단의 자본주의를 긍정하든 부정하든 관계없이 돈
을 더 벌고자 하면 결국 1%만이 전부 다 가지게 될 것이다. 비정상적인
자본주의 자체를 극복하지 않고 모두가 돈으로부터 자유로워지는 방법
은 없다. 남들보다 많이 벌어 돈으로부터의 자유를 얻으려는 방법은 잠
시 동안 성공할 수 있겠지만, 그 끝에는 더더욱 돈에 얽매이는 상황에
처하게 될 수밖에 없다.

직장인의 경우를 한 번 생각해보자. 월급쟁이는 직장의 1%에 속한 임원이 되면 돈 걱정은 하지 않고 살 수 있다. 그래서 대부분의 평범한 직장인이 1%의 삶을 향해 뒤도 돌아보지 않고 내달린다. 그 과정에서 잠시 대리, 과장, 차장이 되는 희망을 만끽하기도 한다. 하지만 끝은 어떤가? 대부분 직장인들은 임원이라는 1%의 삶을 동경하고 그곳으로 달려가지만 종국에는 정리해고를 당하게 된다. 우리는 그 적나라한 삶의 민낯을 이미 각자의 일터에서 목격하고 있다.

대부분의 월급쟁이들은 돈으로부터 자유롭기 위해 1%를 꿈꾸며 직장에 모든 것을 건다. 하지만 결국 99%는 중간에 낙오할 수밖에 없다. 더 서글픈 것은 바로 그 선택 때문에 99% 중 대부분은 직장을 떠나면 아무것도 할 수 없는 사람이 되어 버린다는 사실이다. 평범한 우리는 언제나 99% 중 한 명이라는 사실을 결코 잊어서는 안 된다.

───── 우리의
기만성부터 극복하자

앞서 말한 직장의 1%와 99%의 논리는 우리 사회로 확장할 수 있다. 1%의 삶을 살기 위해 발버둥치지만 현실은 여전히 99% 아니었던가. 그렇지 않다면 많은 청년들이 일자리를 갖지 못하고 취업난에 시달리는 일은 어찌 설명할 수 있을까? 또한 기형적으로 대기업에 의존하고 있는 한국 경제 문제는 어떻게 설명할 수 있단 말인가?

'남보다 잘 살고 싶다! 나만 잘 살고 싶다!'라는 탐욕적 야만성을 통제하지 못할 때 자본은 우리의 야만성을 집요하게 이용해 자신의 몸집을 키울 것이다. 이제껏 그래왔던 것처럼. 그리고 자본이 몸집을 키우면 키울수록 대다수의 사람들은 더 궁핍해질 것이고, 소수의 사람만이 더 부유해질 것이다. 직원들이 서로 경쟁하면 할수록 더 많은 시간을 일하고 직장에 더 충성하느라 피폐해지겠지만 사장은 더 많은 돈을 벌게 되는 것처럼.

자본주의를 극복하고 싶다면 우리의 기만성을 극복하는 데서부터 시작해야 한다. 경기가 안 좋다는 명목으로 동료를 해고하려고 할 때 당당하게 사장에게 말하자.

"월급을 낮춰 함께 계속 일을 하는 게 좋습니다."

그렇게만 된다면 자본주의는 극복 가능하다.

내 집 옆에 돈 없는 사람들이 사는 행복주택이 지어질 때 아내와 남편에게 말하자.

"그래, 우리도 한때 집이 없어서 고생했잖아."

그럴 수만 있다면, 자본주의는 극복 가능하다.

강북에 사는 사람의 꿈이 강남으로 이사 가는 것이 아니었으면 좋겠다. 강북 사람, 강남 사람 구별 없는, '다 함께 잘 사는 사회'가 꿈이었으면 좋겠다. 그 소망스러운 꿈을 함께 꿀 수 있다면 좋겠다. 그렇게 지금의 병적이고 천박한 자본주의를 극복할 수 있었으면 좋겠다.

2 ··· 당신도 소비자이자
노동자이잖아요

—— 프랑스 청년 파비앙이 자랑하고픈
배달의 민족

        외국인 남녀 일곱 명이 한강 고수부지에 자리를
잡고 앉았다. 그 중 능숙하게 한국말을 하는 파란 눈의 청년이 중국집
에 전화를 걸어 배달을 시킨다. 〈나 혼자 산다〉라는 TV프로그램에 나
왔던 장면이다. 한국어를 유창하게 하던 사람은 '파비앙'이라는 프랑스
청년이다. 그날은 프랑스에서 한국으로 놀러온 친구들에게 서울 투어
를 시켜주는 날이었다. 그가 친구들에게 한국의 매력에 대해서 열정적
으로 설명할 때는 고맙다는 느낌마저 들었다. 하지만 그에 대한 좋은 감
정은 딱 거기까지였다.

"한국 정말 좋아, 프랑스에서 피자 시켜 먹으려면 일요일은 안 되고, 오후 3시~6시 사이도 안 되고, 밤 11시 이후에는 안 되고, 배달 시간도 오래 걸리잖아. 여긴 뭐든 다 배달돼. 한국 배달 문화는 끝내줘."

배달 음식이 도착하자 파비앙이 프랑스 친구들에게 자랑 삼아 꺼낸 말이었다. 그의 진짜 생각이었든 제작진의 대본이었든 간에 실망스럽기는 마찬가지다. 주말이든 새벽이든 상관없이 음식이 배달되고, 주문하면 언제나 총알같이 음식이 배달되는 현실이 정말 좋은 걸까? 이게 정말 한국의 자랑할 만한 문화인 걸까? 씁쓸했다.

업무차 미국 시애틀에 간 적이 있었다. 거기서 황당한 일을 겪었다. 업무가 늦게 끝나 지인들과 늦은 저녁식사를 했다. 그리고 술 한 잔 마시기 위해 길을 나섰는데 근처 술집 대부분이 문을 닫은 것 아닌가! 그때 시간이 밤 10시가 채 안 되었던 걸로 기억한다. 아직 초저녁일 뿐인데(철저하게 한국 기준으로) 자본주의의 심장이라는 미국에서 술을 팔지 않는 것이었다. 기본 새벽 2시까지 이어지는 한국의 유흥 문화에 익숙한 나로서는 당황할 법도 했다. 돈 버는 것을 한국보다 더 좋아했으면 좋아했지 결코 덜 좋아하지는 않을 미국에서 그리도 일찍 술집이 문을 닫았으니.

왜 그럴까? 프랑스에서는 왜 피자배달 하나 시키는 것도 불편하기 짝이 없는 걸까? 몇 번을 읽어도 무슨 말인지 이해가 되지 않는 미셸 푸코Michel Foucault의 책이 바캉스철 베스트셀러가 되는 그 선진국에서 말이다. 왜 미국에서는 밤 10시 넘어서 운영하는 술집이 거의 없는 걸까? 돈이라면 사족을 못 쓰는 사람들이 사는 세계 자본주의의 심장, 미국이라는 선진국에서 말이다. 왜 한국에서는 언제 어디서나 배달을 시킬 수가 있고, 왜 새벽 2시가 넘어도 네온사인이 번쩍거리는 술집이 곳곳에 즐비한 걸까?

────── 너나 나나
소비자이자 노동자

한때 자신의 일을 프로페셔널하게 처리하지 못하는 사람들을 싫어했다. 냉장고 A/S기사가 약속 시간을 맞추지 못하거나 냉장고를 잘 고치지 못할 때 화를 잘 참지 못했다. 음식점에서 덜 익히거나 탄 음식이 나올 때도 화를 내곤 했다. 창피하게도 "이런 식으로 하면서 밥 벌어 먹고 살겠어?"라며 그들을 다그쳤다. 소비자로서의 권리를 앞세워 그들을 타박했던 것이다. 하지만 그 타박과 다그침은 고스란히 나에게 돌아왔다. 업무상에서의 작은 실수나 과도한 업무에 절절매고 있을 때 "이런 식으로 하면서 밥 벌어 먹고 살겠어?"라는 상사의 말에 한없이 위축되었다.

소비자로서 군림하고 권한을 행사하려고 할 때, 그만큼 노동자로서 더 많은 모욕을 견뎌야 하고 더 많은 업무에 내몰릴 수밖에 없다. 독일을 갔을 때였다. 점심을 먹으러 현지의 어느 음식점에 들어갔는데 들어가자마자 불쾌해졌다. 한국처럼 반갑게 미소로 맞아주기는커녕 컵을 내줄 때도 성의 없이 툭 내려놓는 것이 아닌가. 처음에는 '동양인이라 무시하는 건가?'라는 자격지심에 다른 손님들을 대하는 모습을 살펴봤지만 종업원의 태도는 별반 다르지 않았다.

나중에 안 사실이지만 유럽의 종업원들은 원래 한국의 종업원들처럼 친절하지 않다고 했다. (한국 종업원의 친절이 사실 꾸며진 친절이라는 측면에서 그것이 정말 친절인지도 모르겠다.) 그리고 소비자들 역시 종업원의 불친절해 보이는 태도를 전혀 불쾌하게 여기지 않았다. 소비자라고 해서 종업원 위에 군림하려거나 억지스러운 요구를 하지 않는다. 그들은 알고 있기 때문이다. 지금은 식당에서 돈을 쓰는 소비자이지만 식사를 끝낸 후 다시 직장으로 돌아가면 나 역시 노동자라는 너무나 자명한 사실을 말이다.

—— 생활이 편리해질수록
더 빡세지는 노동

　　자본주의라는 미친 열차를 멈추기 위해 반드시 알아 두어야 할 것이 있다. 우리가 '소비자인 동시에 노동자'라는 사실이다. 이제 프랑스의 배달 문화가 불편한 이유, 시애틀의 술집이 일찍 문을 닫는 이유를 보다 명확하게 알 수 있다. 그 두 가지 이유는 같다. 그들은 안다. 자신들이 모두 소비자이면서 노동자라는 자본주의의 불편한 진실을 말이다. 프랑스 사람들은 피자를 시켜 먹는 자신이 직장에서는 고되게 일해야 하는 노동자라는 사실을 알고 있다. 미국 사람들은 자신이 때때로 늦은 시간까지 술을 먹고 싶은 소비자이기도 하지만 동시에 일찍 퇴근해서 가족들과 저녁을 먹고 싶은 노동자라는 사실을 알고 있다.

　　배달을 빨리 하기 위해 오토바이 과속을 하다가 죽은 젊은 피자 배달원이 사회적 이슈가 된 적이 있었다. 나는 고백할 수 있다. 사고로 죽은 어린 배달원을 보며 마음 아파했지만 뒤돌아서면 짜장면이 불어터져 오는 것은 결코 참지 못했던 내 자신을. 바로 내가 짜장면 배달을 하는 노동자일 수 있고, 우리 아이들이 짜장면 배달을 하는 노동자가 될 수도 있는데 말이다. 우리 모두, 돈을 쓸 때는 모든 권능을 가진 소비자이지만 돈을 벌기 위해서는 닥치고 시키는 일을 해야만 하는 노동자다.

짜장면이나 피자 배달원이 아닐 수도 있다. 그렇다고 해서 근본적으로 달라지는 것도 없다. 짜장면과 피자를 시켜 먹는 소비자가 되기 위해 고되고 치사스러운 일을 해야 하는 노동자여야 한다는 사실은 결코 달라지지 않을 테니까. 생각해보자. 야근, 주말 특근을 하기 때문에 편리하기 짝이 없는 배달 문화가 생길 걸까? 아니면 그 편리한 배달 문화 때문에 우리가 야근과 주말 특근을 더 자주하게 된 걸까? 선후관계는 중요치 않다. 문제는 우리가 소비자로서 점점 더 편리해지려고 하면 할수록 노동자로서 더 빡세게 일을 할 수밖에 없다는 사실이다.

───── 강요된 편리함
VS 자발적 불편함

우리는 편리함을 선호하고 추구한다. 여기에는 심각한 오해가 도사리고 있다. 그것은 우리가 편리함을 자발적으로 선택한다고 믿는 것이다. 착각하지 말자. 우리는 편리함을 선택하고 있지 않다. 자본에 의해 '강요된 편리함' 속에서 살고 있을 뿐이다. 우리의 편리를 위해서 등장했다고 하는 것들의 대부분은 역설적이게도 우리를 위해 탄생한 것이 아니다. 자본이 더욱 커지기 위해 등장한 '강요된 편리함'일 뿐이다. 전혀 자발적이지 않다. 그저 강요당한 편리함을 소비하고 있을 뿐이다.

일상과 가장 가까운 핸드폰으로 이야기해보자. 핸드폰의 등장으로 삶이 더 편리해졌다고 믿고 있다. 그리고 편리함을 자발적으로 선택했다고 굳게 믿는다. 정말 그럴까? 핸드폰의 등장으로 그것의 편리함을 강제적으로 알게 된 건 아닐까? 그래서 소비할 수밖에 없었던 건 아닐까? 돌아보면 사실이다. 한때 삐삐만으로도 얼마든지 사람들과 의사소통할 수 있었던 시절이 있었다. 더 거슬러 올라가면 집 전화와 편지만으로도 충분했던 시절도 있었다. 하지만 지금은 어떤가? 스마트폰이 없어서 카카오톡 어플을 깔지 못하면 친구들과의 대화에서조차 제외될 판 아닌가? 이것이 정말 자발적인 걸까?

자동차도 마찬가지다. 블루투스 기능이니 크루저 기능**이니 하는 수많은 편리 기능이 자동차에 생겼다. 하지만 우리가 원해서 생긴 기능이 아니다. 그것에 익숙해져서 없으면 상대적으로 불편을 느끼게 된 것일 뿐이다. 아니 승용차 자체가 그렇다. 승용차가 드물던 시절 기차와 버스를 타고 얼마든지 가고 싶은 곳으로 갈 수 있지 않았던가. 더 편리해진 것 같지만 사실 그 편리는 우리를 위한 것이 아니라 자본을 위한 것이었다.

** 고속 주행에서 가속페달을 안 밟아도 속도를 유지하는 기능.

3 ...   조금 불편하게 살면
안 될까요?

—————— 지금 우리에게 필요한 건
자발적 불편함

지금 우리에게 필요한 것은 '자발적 불편함'이다.
물론 원시시대로 복귀하자는 터무니없는 이야기를 하려는 게 아니다.
나 역시 스마트폰을 쓰고 승용차를 탈 때도 있다. 그 편리함이 좋다. 자
본주의에 적응한 사람으로서 그 사실을 전면적으로 부정할 수는 없다.
하지만 나는 분명 '강요된 편리함'보다는 '자발적 불편함'을 지향한다. 그
것이 자본주의 시대의 일상 속에서 혁명을 일으킬 수 있는 아주 실제적
이고 구체적인 대안이라 믿고 있기 때문이다.

나는 이제 웬만하면 음식점에서 빨리 음식을 달라고 독촉하지 않는

다. 또 외식을 하는 것보다 가급적 집에서 직접 음식을 해먹으려고 노력한다. 승용차보다는 대중교통을 이용한다. 짧은 거리는 걸어서 다니려고 노력한다. 스마트폰이 있지만 가끔은 소중한 사람들에게 직접 편지를 쓴다. 이렇게 '강요된 편리함'보다는 '자발적 불편함'을 지향하는 삶을 살려고 노력한다.

자본주의가 인간을 조금 더 편하게 살게 해준 건 분명한 사실이다. 하지만 그런 편리함이 인간을 근본적으로 더 행복하게 해주지는 않는다. 게다가 편리라는 것이 자발적인 것이 아니라 강요된 것일 때는 더욱 그렇다. 없어도 상관없는, 아니 없는 것이 더 나을지도 모르는 편리함을 강요당하고 그 편리를 위해 과도하게 소비함으로써 점점 더 많은 행복을 잃어 가게 된다. 우리의 마음을 따뜻하고 충만하게 해주었던 소소한 행복들 말이다. 잠시 추억을 더듬어 보자.

삐삐가 울릴 때 연인의 음성을 확인하러 공중전화로 달려가며 느꼈던 설렘과 행복은 핸드폰으로 인해 사라져 버렸다. 사랑하는 사람에게 한 글자씩 꾹꾹 눌러 편지를 쓰던 두근거림의 시간을 빼앗아 간 것은 컴퓨터 아니었던가. 길가에 핀 5월의 꽃을 보며 느낄 수 있었던 행복감을 빼앗아 간 것이 바로 승용차 아니었던가. 강요된 편리함 때문에 일상의 소소한 행복을 잃어버린 것이다. 그뿐인가? 강요된 편리함을 소비하기 위해 더 많은 노동에 시달릴 수밖에 없었던 것은 얼마나 불행한 일인가.

'자발적 불편함'을 기꺼이 감내하고 싶다. 어떤 이는 "그런다고 자본주의를 극복할 수 있을 것 같아?"라고 볼멘소리로 물을지도 모르겠다. 맞다. 그런 소소한 자발적 불편을 감내한다고 세상이 바뀔 것 같지는 않다. 하지만 거대한 자본주의라는 괴물에 맞서 사회운동이나 정치를 할 능력도 용기도 내겐 없다. 그래서 내가 가진 능력과 용기의 한도 내에서 할 수 있는 것들을 하고 싶다. 그리고 그런 노력들이 결코 무의미하다고 생각하지 않는다.

'자발적 불편함'을 감내하는 일상적인 변화들은 개인적 차원에서도 사회적 차원에서도 유의미하다. 개인적 차원에서 음식은 집에서 해먹고 스마트폰과 승용차 이용을 줄이면 그만큼 돈을 벌지 않아도 되는 삶을 살 수 있다. 또 누군가 음식점에서 종업원을 독촉하거나 다그치지 않는다면, 그 종업원 역시 소비자가 되었을 때 조금 더 배려심 있는 소비자가 될 것이란 측면에서 사회적으로도 유의미하다. 일상생활에서의 혁명이 공허한 것이 아니라 일상생활에서 시작하지 않는 혁명이야말로 공허하다. 혁명을 시작하자.

——— 심야버스 운행을
반대합니다

폭주하는 자본주의 때문에 힘들어 하는 사람들에게 묻고 싶다.

"돈을 더 벌어 더 편리해지는 대신 자발적으로 조금 더 불편해지는 것은 어떨까요?"

병적인 자본주의를 완화하고 제어하기 위해서는 자발적 불편을 감내해야 한다. 불편함만큼 자본에서 더 자유로워질 수 있기 때문이다. 우리는 모두 소비자인 동시에 노동자다. 소비자로서 자발적 불편을 감내하려고 할 때 조금 더 널널한 노동자가 될 수 있다. 이것이 일상에서 자본주의에 맞설 수 있는 대안이라 믿는다.

박원순 서울시장의 정책에 대부분 동의하지만 그 중 하나가 마뜩치 못하다. '올빼미 버스'라는 심야버스 운행이 바로 그것이다. 물론 그 선의를 모르는 바 아니다. 지하철도 버스도 끊기는 시간에 서민들을 위해 조금 더 값싸고 편리한 버스를 도입하려는 그 선의를 어찌 의심할 수 있을까? 하지만 선의와 관계없이 그 제도는 필연적으로 서민을 더 힘든 삶으로 몰아넣을 수밖에 없다.

악덕 기업주는 "심야버스가 있으니 야근을 더 해도 되는 것 아니냐?"

고 강요할 것이다. 어떤 악덕 사장은 심야에 일하는 알바생에게 응당 주어야 할 교통비를 "심야버스 타면 되잖아"라고 말하며 주지 않으려 할지도 모른다. 이런 가정을 비약이라고 하지 말자. 지금 우리를 둘러싼 자본주의는 충분히 치졸하고 천박하니까. 심야버스가 운행되면 당분간은 편리해지겠지만 이내 곧 서민을 옥죄는 제도로 기능하게 될 것이다.

정부 차원의 정책적 제도는 폭주하는 자본주의의 문제를 뒤에서 수습하는 것이어서는 안 된다. 정부 차원의 정책적 제도는 자본의 문제를 선제적이고 본질적으로 통제하고 제어하는 역할을 해야 한다. 막강한 권력을 틀어쥔 국가 정부마저 그 역할을 할 수 없다면 대체 누가 자본을 통제할 수 있단 말인가. 적어도 정부 차원의 정책적 제도로서 심야버스 운행은 하지 않는 편이 낫다. 심야 배달도 하지 못하게 하는 편이 낫다. 술집이나 음식점도 24시간 운영이 아닌 밤 10시면 일괄적으로 문을 닫게 하는 편이 낫다.

물론 알고 있다. 거기에는 많은 현실적인 문제들이 있다는 걸. 하지만 잠시나마 불편하게 하는 그런 제도들이 정착되었을 때, 장기적 관점에서 우리는 조금 더 사람냄새 나는 사회에서 살 수 있게 될 것이다. 정부의 역할은 명확하다. 시민이 심야버스를 타는 편리함을 누리게 해주는 것이 아니라 심야버스를 탈 수밖에 없는 근본적 구조를 차단시켜주어야 한다. 그것이 정부의 역할이다.

어떤 이는 역정을 낼지도 모른다. 심야버스조차 없어서 서민들이 얼마나 힘든지 아냐고. 맞다. 당장 힘든 삶을 살아내는 이들에게 심야버스조차 없다면 삶이 얼마나 더 고되어질까? 그럼에도 불구하고 진정으로 서민들을 위한 정책은 심야버스를 운행하는 것이 아니다. 최저임금을 높이든지, 고용안정성을 확보하든지, 기본소득을 보장하든지, 어떤 방법이건 심야버스를 타야 하는 일이 없는 사회구조를 만들어주어야 한다. 흔한 정치꾼들의 입버릇처럼 나라가 망한다느니 국가 경제력이 없어진다느니 하는 헛소리를 하기 전에 말이다.

우리 조금 불편하면 안 될까요?

우리의 역할은 불편함을 기꺼이 감수해야 한다는 것이다. 당장은 불편하지만 장기적인 안목에서 자본주의를 극복하려는 정책들을 시행하고자 할 때 손을 들어주고 격려해주어야 한다. 심야버스가 없으면, 밤 12시에 소주 한잔할 술집이 없다면, 24시 편의점이 없어진다면, 분명 불편할 것이다. 하지만 그런 불편함을 감내할 수 있다면 지금보다 조금 더 인간적인 삶을 영위할 수 있게 된다.

우리는 분명 심야버스를 타고, 자정에 소주 한잔하고 싶고, 새벽에 편의점에 가고 싶은 소비자다. 동시에 심야버스를 운전해야 하는 고달픈 운전수, 자정까지 서빙을 해야 하는 종업원, 새벽까지 일을 해야 하는 편의점 직원이기도 하다. 잊지 말자. 우리의 편리함에 기생해서 몸집을 키우는 것이 바로 자본이라는 사실을. 그리고 그 편리한 것들이 없어도 우리는 충분히 살 만하다.

심야버스, 심야술집, 24시 편의점이 없는 국가들은 실제로 많다. 주목할 만한 사실은 그들의 삶의 질이 우리보다 훨씬 더 높다는 점이다. 인간의 행복은 '소비의 만족'보다 '노동의 고통'에 더 많이 영향을 받는다. 산술적으로도 그렇다. 소비하는 시간보다 노동하는 시간이 압도적으로 많으니 소비자로서의 만족보다 노동자로서의 만족이 삶의 질에 더 큰 영향을 미치는 것은 당연한 일 아닌가. 100만 원을 버는 데 쓰는 시간과 100만 원을 버는 데 걸리는 시간 중 어느 시간이 더 많이 걸릴지는 깊게 생각해보지 않아도 된다.

조금 더 행복해지기를 원한다면 돈을 펑펑 쓰는 '행복한 소비자'이기보다 사람답게 일하는 '행복한 노동자'가 될 수 있는 길을 모색해야 한다. 소비자로서 불편해지는 만큼 노동자로서 인간다운 삶을 영위하게 될 테니까. 소비자로서 불편을 감내하는 만큼 자본으로부터 자유로워질 테니까. 각자의 삶에서 자본주의로부터 자유로워지는 만큼 진정한 행복에 가까워질 것이다. 마지막으로 부탁하듯 되묻고 싶다.

"우리 조금 불편하게 살면 안 될까요?"

자본주의가 인간을
조금 더 편하게 살게
해준 건 분명한 사실이다.
하지만 그런 편리함이
근본적으로 인간을
더 행복하게 해주지는 않는다.

나는 '자발적 불편함'을
기꺼이 감내하고 싶다.
내가 가진 능력과 용기의
한도 내에서 할 수 있는 것들을
하고 싶다.

4 …   좁은 집으로 이사를 가고,
트럭 타고 여행을 가더라도,
괜찮은 삶이라 느낄 때

—— 소비를 줄이는 것은
불가능하다

소비를 자발적으로 줄일 수 있을까? 언젠가 친구
에게 다음과 같이 말한 적이 있다.

"지금은 자신이 어떤 사람인지 보여주기 위해 소비를 하는 시대야."

하지만 그는 내게 이렇게 답했다.

"나는 아닌데. 나는 물건 살 때 다른 사람에게 어떻게 비춰질지는 생
각 안 해. 가성비(가격 대비 성능)만 따져."

그는 신분이나 계급을 표현하기 위해서 물건을 사는 것이 아니라 철
저하게 가성비를 따진다고 답했다. 그리고 자신은 언제든 불필요한 소
비를 자발적으로 줄일 수 있다고 덧붙였다.

그는 정말 자발적으로 소비를 줄일 수 있을까? 아닐 것이다. 그는 돈이 없어서 가성비를 따질 수밖에 없는 형편인 것이지 자발적으로 소비를 줄이는 것이 아니다. 정확히 말해, 소비의 제한을 강요당하는 것이지 자발적으로 소비를 줄이는 것이 아니다. 그는 돈이 없어 소비를 제한당하고 있다는 사실에 직면하고 싶지 않을 뿐이다. 그래서 자신은 가성비를 따져 합리적인 소비를 하는 사람이라고 끝끝내 포장하고 싶은 것이다.

그가 만약 연봉을 100억씩 벌게 되어도 지금처럼 가성비를 따지는 '합리적인 소비'를 계속할 수 있을까? 아마 가격은 쳐다보지도 않고 이것저것 사다 모을 것이 분명하다. 괜한 허영부리지 말고 분명히 하자. 우리는 소비를 자발적으로 줄일 수 없다. 돈이 없는 사람은 소비를 줄이기는 하겠지만 그것은 자발적인 게 아니다. 제한된 돈의 액수 때문에 어쩔 수 없이 물건을 사지 못하게 되는 것일 뿐이다. '이걸 안 사거나 혹은 조금 싸게 살 수 있다면 다른 것도 살 수 있지 않을까?'라는 생각은 소비를 자발적으로 줄이는 것이 아니다. 강제적으로 소비를 제한당하는 것이다.

소비를 자발적으로 줄이지 못하는 이유 중에는 앞서 말한 궁상도 한 몫한다. 돈에 여유가 있는 사람 역시 소비를 자발적으로 줄일 수 없다. 왜냐하면 소비를 줄이려고 할 때 자신이 구질구질하고 찌질하게 궁상떨고 있다 느끼기 때문이다. 매주 비싼 레스토랑에서 외식을 하던 사람이 소비를 줄이기 위해 집에서 음식을 해먹어야 한다면 어떤 기분일까? 가족들이 모여 오순도순 음식을 해먹는다는 행복함을 느끼게 될까? 십중 팔구 '그놈의 돈이 없어서 구질구질하게 집구석에서 음식을 해먹는 것'이라 느끼기 일쑤일 것이다.

매사에 가성비를 따져야 하는 사람은 돈에 대한 결핍감을 안고 산다. 이런 사람에게 자발적으로 소비를 줄이는 일은 애초에 불가능하다. 경제적으로 여유가 있어도 상황은 별반 다르지 않다. 이미 강요된 궁상을 내면화한 덕분에 소비를 줄이려고 할 때, 어김없이 자신의 처지가 처량하고 서글프다고 느낄 수밖에 없기 때문이다. 이 지긋지긋한 소비사회를 탈출할 방법은 정말 없을까?

왜곡된 행복의 이미지
날조된 불행의 이미지

방법을 한 번 찾아보자. 자발적으로 소비를 줄일 수 없는 가장 큰 이유는 돈에 대한 결핍감 때문이다. 지금의 병적인 소비사회에서는 형편이 어려운 사람, 부유한 사람 모두 돈에 대한 결핍감을 가지고 있다. 그렇다면 이 돈에 대한 결핍감은 대체 어디서 기원한 것일까? 자본이 갖가지 매체를 동원해 확대 재생산한 '소비=행복'이란 이미지가 그 기원이다. '소비=행복'이란 도식은 다시 '가난=불행, 부유=행복'이라는 도식으로 파생되었다. 우리가 가진 돈에 대한 결핍은 여기서 시작된 셈이다.

하지만 '가난=불행, 부유=행복'은 삶의 진실이 아니다. 실제로 돈이 조금 부족해도 행복하게 하는 사람은 많다. 또 돈이 아주 많아도 불행하게 사는 사람도 많다. 그럼에도 불구하고 '돈이 없으면 행복도 없다'는 명제가 마치 진리인양 받아들여지고 있다. 그건 '가난=불행, 부유=행복'이란 이미지를 영화, 드라마, 광고, 잡지를 통해 지속적으로 세뇌 받았기 때문이다. 그 세뇌 끝에 '가난=불행, 부유=행복'이란 이미지가 무의식의 층위까지 파고 든 것이다. 자본의 집요한 세뇌 덕분에 외식 대신 집에서 음식을 해먹는 일은, 좁아터진 마티즈를 타고 하는 가족 여행은, 구질구질한 불행이라 여겨지게 되었다.

소비사회에서 탈출하기 위해서는 자본에 의해 날조된 세뇌 혹은 내면화부터 극복해야 한다. 이를 극복하지 못한다면, 자발적으로 소비를 줄일 수도 없고 소비로부터 자유로워질 수도 없다. 소비를 줄이려고 할 때마다 스스로가 불행하다고 느껴질 테니까. 소비사회 탈출의 핵심은 자본이 날조한 동시에 우리에게 내면화된 행복과 불행의 이미지를 얼마나 극복하느냐에 달려 있다. 좁은 집으로 이사 가는 것을 불행으로 느끼지 않고, 트럭 타고 가족 여행 하는 것을 불행한 삶이라 느끼지 않을 수 있을 때, 소비사회에서 탈출할 수 있는 실마리를 얻을 수 있다.

원죄는
예술가에게 있다

'가난=불행, 부유=행복'이란 내면화를 기획하고 조장한 것은 자본이다. 하지만 자본의 앞잡이 역할을 한 것은 자본의 논리에 복종한 일부 예술가들이었다고 나는 생각한다. 가난은 불행이고 부유함은 행복이란 이미지는 어떻게 우리에게 각인되었을까? 그것은 분명 자본에 복무하는 예술가들이 만든 광고, 영화, 드라마 때문이었다. 물론 '광고, 영화, 드라마를 만드는 사람이 예술가인가? 전문가인가?'라는 질문이 있을 수 있다. 잘 만들어진 광고, 영화, 드라마는 사람의 감정을 건드린다는 측면에서 그들은 전문가이기 이전에 예술가라고 볼 수도 있다.

우리가 열광했던 수많은 영화, 드라마, 광고는 대부분 자본의 논리에 복종한 예술가들이 만든 것이었다. 그 영화, 드라마, 광고를 곰곰이 한번 되짚어 보자. 영화 속에 여유 있고 행복해 보이는 여자 주인공은 스타벅스 커피를 마시고 있었고, 드라마 속의 매력 넘치고 근사한 남자

주인공은 아침에 조깅할 때 나이키 운동을 신고 달렸다. 그뿐인가? 광고 속에 한없이 당당해보이고 자유로워 보이는 사람은 어김없이 벤츠나 BMW를 타고 삼성 스마트폰을 사용하고 있지는 않았던가?

대중매체를 통해 소비되는 상품을 살 수 있어야 행복한 사람이라고 무의식중에 믿게 되었다. 동시에 스타벅스 커피를, 나이키 운동화를, 삼성 스마트폰을 살 수 없는 사람은 불행한 사람이라고 여기게 된 것이다.

예술과 문화의 힘은 강력하다. 논리적인 설득은 사람들을 이해시킬 수는 있지만, 어떤 가치를 내면화시키기에는 역부족이다. 하지만 예술과 문화는 우리에게 어떤 가치를 무의식의 층위로 내면화시키는 것이 가능하다.

어느 사이엔가 소비는 논리의 영역이 아니라 감성의 영역으로 옮겨 왔다. 이는 자본에 복종한 일부 예술가들이 '예술과 문화'를 '소비를 부추기는 상품'으로 끊임없이 생산할 수 있었던 이유다. 음악, 영화, 드라마 등 상품화되지 않은 예술과 문화는 없을 정도다. 상품화된 예술과 문화 때문에 '소비하는 일은 행복이고 소비하지 못하는 일은 불행'이란 암묵적인 도식을 내면화하게 된 것이다. 소비사회를 탈출하지 못하게 된 원죄는 어쩌면 자본과 그에 공모한 예술가들에게 있다고 보는 것이 비약이거나 과도한 해석이 아닐는지도 모른다.

5··· 예술을 통한
소비사회 탈출

———— A라는 정념은 오직 그보다 강한
B라는 정념에 의해서만 극복된다

'결자해지(結者解之)'라는 말이 있다. 묶은 놈이
풀어야 한다는 뜻이다. 갖가지 대중매체를 통해 우리에게 '가난=불행,
부유=행복'이라는 가치를 내면화하는 데 앞장섰던 사람은 소수의 예술
가들이다. 그러니 예술가들이 이 문제를 풀어내야 한다. 어떻게 해야 할
까? 성급히 답을 구하기 전에 우선 스피노자^{Spinoza}라는 철학자를 만나
보자. 그는 《에티카》에서 이렇게 말한 적이 있다.

"A라는 정념은 오직 그보다 강한 B라는 정념에 의해서만 극복된다."

'정념'이라는 생경한 단어 때문에 다소 난해하게 들릴지도 모르겠다.

정념은 '감정에 의해서 억누르기 힘든 생각'이다. 크게 무리가 없으니 정념 대신 감정이나 느낌이란 단어로 바꿔서 생각해보자. 스피노자는 '이미 찾아온 A라는 감정은 그 자체로는 결코 없어지지 않으며 오직 A보다 더 큰 B라는 감정의 파문에 의해서만 A가 극복 가능하다고 말하고 있는 것이다.

그의 통찰은 소비사회를 탈출하는 데 유용하다. 소비로부터 자유롭지 못한 이유는 결국 '가난=불행, 부유=행복'이라는 도식이 반영된 이미지가 주었던 감정과 느낌 때문 아니었던가? 스피노자라면 "소비는 행복을 담보하지 않는다" 혹은 "소비를 하면서 행복을 느끼지 말라"는 말은 애초에 쓸데없는 이야기라고 말할 것이 분명하다. 소비함으로써 이미 행복을 느끼고 있는 사람에게 그것이 행복이 아니라고 말하는 것이 무슨 의미가 있겠는가? 이미 행복을 느끼고 있는데 말이다.

좋아하는 사람이 있을 때 그 사람을 좋아하지 말라는 이야기는 아무 의미도 효력도 없다. 오직 그 사람보다 더 설레게 만드는 사람이 나타났을 때에만 처음 좋아했던 그 사람을 더 이상 좋아하지 않게 되기 마련이다. 마찬가지로 "소비로 행복해지려고 해서는 안 돼"라고 말하는 것은 의미 없다. 오직 소비할 때 느끼는 행복(정념)보다 더 큰 어떤 행복(정념)이 발생했을 때에만 '소비=행복'이라는 허구적 도식을 깨뜨릴 수 있기 때문이다.

예술가들이여!
새로운 행복의 이미지를 만들어 달라

바로 여기에 자발적으로 소비를 줄일 수 있는 비밀이 숨어 있다. '소비는 행복하다'라는 각인된 정념보다 더 강렬한 정념을 누군가 만들어낼 수 있다면, 비로소 자발적으로 소비를 줄일 수 있을 것이다. 당연하다. 소비를 하는 이유는 결국 행복하기 위해서 아니었던가? 그러니 소비를 하는 것이 불행(정념)이고, 소비보다 우리를 더 행복(정념)하게 해주는 어떤 것이 있다는 사실을 느끼게(아는 것이 아니라) 된다면 자발적으로 소비를 줄일 수 있다.

그 역할은 건강하고 훌륭한 예술가들이 해주어야 한다. 예술가가 누구인가? 작품을 통해 사람들에게 어떤 감정과 느낌을 불러일으키게 하는 사람들 아닌가. 자본에 복무한 예술가들이 만들어낸 '소비=행복'이라는 정념을 극복할 수 있게 하는 작품이 많아져야 한다. 건강하고 훌륭한 철학을 가진 예술가들이 그 역할을 해줄 수 있어야 한다.

자본주의란 건강하고 아름다운 것이 아니라 얼마나 추악하고 끔찍한 것인지 적나라하게 드러내는 다큐멘터리와 소설이 많아지면 어떻게 될까? 자발적 가난이 얼마나 근사하고 멋있는 삶의 방식인지 보여줄 수 있는 영화, 광고, 연극이 많아진다면 어떻게 될까? 이러한 작품들이 많

아질 때 비로소 자발적으로 소비를 줄이는 일도, 더 나아가 소비사회로
부터의 탈출도, 가능해질 것이라, 나는 믿고 있다.

——— 예술을 통해
소비사회를 탈출하자

'자본주의는 끔찍한 것이다!' '부유함이 행복을 담
보하는 것은 아니다!' '가난해도 충분히 행복할 수 있다!' '자발적 가난
은 근사한 것이다!' 이런 이야기를 백날 떠들어 봐야 아무 소용없다. 백
번 양보해서 논리적으로 이해시킬 수 있을지 몰라도 '가난=불행, 부유=
행복'이라는 내면화된 자본주의적 정념은 결코 털어낼 수는 없다. 자본
에 의해 왜곡된 감정과 느낌을 털어내기 위해서는 그보다 더 강한 감정
과 느낌을 불러일으킬 수 있는 영화 한 편, 소설 한 편이 더 위력적이다.
스피노자의 말처럼 'A라는 정념은 오직 그보다 강한 B라는 정념에 의해
서만 극복'되게 마련이니까.

인간을 변화시키는 힘은 머리를 때리는 이성에 있지 않다. 우리가 무
언가를 안다고 해서 직접 실천으로 옮긴 적이 얼마나 있었는지 되돌아
보면 금방 알게 될 일이다. 인간을 변화시키는 힘은 가슴을 울리는 직관,
감정, 느낌에 있다. 그 직관, 감정, 느낌을 제대로 느끼기만 하면 당장 내

일이라도 전혀 다른 사람이 될 수 있다. 여기에 희망이 있다. 훌륭한 예술 작품을 제대로 만나기만 한다면, 자본과 그에 공모한 일부 예술가들이 세뇌시킨 '가난=불행, 부유=행복'이라는 기만적 도식을 극복할 수 있다.

소비사회를 어떻게 탈출해야 할지 도저히 모르겠다면 우선 좋은 예술을 접하자. 예술이라고 해서 고상한 작품만을 의미하는 것이 아니다. 주위를 둘러보면 예술 중에 우리의 흥미를 끌면서도 쉽게 접할 수 있는 훌륭한 예술작품들이 많다. 우선 그런 것들부터 시작하자. 주위에서 쉽게 접할 수 있는 영화, 소설, 다큐멘터리 같은 것들로 충분하다.

자본주의의 민낯을 보기 위해서는 열 권의 철학책보다 영화 〈화차〉 (2012, 감독 변영주)를 보거나, 조정래의 소설 《허수아비춤》(2015)을 읽는 것이 훨씬 낫다. 음악을 좋아한다면, 가수 윤영배의 〈자본주의〉(2013)라는 노래를 듣는 것도 괜찮다. 자발적 가난이 얼마나 근사하고 멋있는 것인지 깨닫기 위해선 백 마디의 설명보다 다큐멘터리 〈서칭 포 슈가맨〉 (2012, 감독 말릭 벤젤룰)을 한 편 보는 것이 훨씬 낫다. 삶을 실제로 변화시키는 것은 개념적이고 논리적인 이야기가 아니다. 삶 속으로 한번에 훅 치고 들어오는 예술작품이 우리를 변화시키는 경우가 더 많다.

예술작품이 유용한 이유는 또 있다. 그건 재미다. 자본주의 극복이니 소비사회로부터의 탈출이니 하는 골치 아픈 이야기를 떠나 일단 재밌다. 그저 재미삼아 예술작품들을 보다보면 덤으로 어느 순간 '소비=행복'이라는 자본주의적 내면화 역시 시나브로 극복할 수 있을지도 모른다. 얼마나 좋은 일인가. 일석이조는 이럴 때 쓰라고 만든 말이다.

——— 안목을 기르자

어떤 이는 '나는 〈화차〉, 《허수아비 춤》, 〈자본주의〉, 〈서칭 포 슈가맨〉 다 보고 들었는데 별 감응이 없던데'라는 의문을 품을지도 모른다. 나는 아내와 함께 〈화차〉라는 영화를 보았다. 아주 인상적이었다. 그 영화를 보고 '자본주의가 무엇일까? 정말 그것이 우리를 행복하게 해주는 것이 맞긴 한 걸까?'라는 질문이 머릿속에 가득 차 있었다. 그런데 정작 아내가 영화를 보고 가장 감명을 받은 부분은 배우 김민희의 몸매였다. 아내가 영화를 보고 난 후에 한 이야기는 "김민희 정말 말랐더라!"였으니까.

같은 작품을 보고도 느끼는 점이 전혀 다를 수 있다. 차이가 무엇일까? 안목이다. 누가 더 영화를 잘 보았다 못 보았다 하는 알량한 가치평가를 하자는 게 아니다. 하지만 자신의 안목만큼 세상을 볼 수 있다는 사실만은 인정해야 한다. ("그럼 난 안목이 없다는 말이야?"라고 외치는 아내의 목소리가 들린다. 큰일이다.) 어떤 사람의 안목이 협소하다면, 그 사람은 똑같은 영화를 보고도 전혀 다른 느낌과 감정을 가질 수밖에 없다.

좋은 예술작품을 찾지 못하는 것도 마찬가지다. 자본에 복종한 나쁜 예술가들도 많지만 건강한 철학을 가진 훌륭한 예술가들도 많다. 그렇기 때문에 소비사회로부터 탈출할 수 있는 실마리를 주는 작품들은 앞서 말한 네 작품 이외에도 찾아보면 참 많다. 하지만 우리 눈에 그런 작품들이 선뜻 들어오지 않는 이유 역시 안목이 없기 때문일 것이다. 내가 소비사회 탈출을 위한 단초를 제공할 수 있는 예술작품을 겨우 서너 개밖에 말할 수 없는 이유 역시 마찬가지다. 나의 안목이 그 정도인 것이다.

안목을 길러야 한다. 좋은 영화, 소설, 시, 음악, 다큐멘터리를 온전히 소화할 수 있는 안목은 물론이고, 기존의 자본주의적 내면화를 무력화시킬 수 있는 예술작품을 찾아낼 수 있는 안목 역시 길러야 한다. 그때 비로소 기존의 자본주의가 왜곡시킨 내면화를 무너뜨리고 진짜 삶을 살 수 있는 각자만의 내면을 확보하게 될 것이다. 그때가 되면 '더 많이 소비해야 더 행복할 수 있다'는 이야기가 말도 안 되는 소리라는 사실을 깨닫게 될 것이다. 그렇게 소비사회로부터 탈출할 수 있을 것이다.

─────── 안목을 기르는 법,
　　　　철학과 친구

　　　　　　영민한 사람이라면 또 의문이 생길 법도 하다. '안
목이 있으면 좋다는 것은 알겠는데 안목은 어떻게 기를 수 있느냐?'는
의문 말이다. 말 나온 김에 안목을 기르는 방법까지 말해보자. 안목을
기르는 방법은 쉽다. 끊임없이 의심하고 사유하는 것이다. 세상 사람들
이 당연하다고 믿고 있는 가치에 의문을 제기하고, 그 의문에 대해서
끈질기게 고민하고 사유하는 과정에서 안목은 자연스럽게 생기게 마련
이다. 의심하고 사유하는 습관을 기르는 데 효과적인 방법은 단연, 철학
이다. 철학이라는 것 자체가 기존의 관습이나 체제에 대해 과감하게 괄
호를 쳐서 의문을 제기하고 사유했던 흔적인 까닭이다.

　　하지만 안다. 쉽지 않다는 것. 일상에서 밥벌이를 하는 것만으로도
버거운데 철학이라니! 공허하게 들릴 수 있다. 그러니 안목을 기를 수
있는 현실적인 대안을 하나 더 말해보자. 내가 안목을 기를 수 없다면,
주위에 안목이 있는 사람을 곁에 두면 된다. 나 역시 그랬다. 직장 다닐
때는 안목을 기르기는커녕 퇴근 후에는 육아에 정신없었고, 주말에는
다음 주 업무를 위해서 방전된 배터리를 충전하기 바빴다. 하지만 직장
을 다닐 때 하나 잘한 것이 있다면, 주위에 안목이 있는 친구들과 종종
연락을 하며 지냈다는 것이다.

아무리 바빠도 안목 있는 친구와 한 달에 한번은 만나 이런저런 이야기를 했다. 그럴 때마다 안목이 있는 친구는 몇몇 영화, 다큐멘터리, 음악 그리고 좋은 책을 권해주었다. 그것이 얼마나 도움이 되었는지는 지금에서야 더욱 분명히 알 수 있다. 친구가 추천해주었던 작품들을 하나씩 접해나갈 때마다 나의 안목도 조금씩 성장하고 있었다. 그렇게 안목이 성장함에 따라 나는 조금씩 더 나은 사람이 되어갔으니, 지금 생각해보면 그때 옆에 안목 있는 친구가 있었음이 얼마나 다행인지 모르겠다.

안목을 기를 형편이 안 된다면 안목 있는 사람을 주위에 두자. 그와 종종 교류하면서 이런저런 이야기를 나누다보면 크게 에너지를 쓰지 않으면서도 우리의 안목이 성장하게 된다. 그렇게 안목이 성장하다보면 같은 영화를 보고도 더 많은 것을 느끼게 될 것이고, 유행에 휩쓸리지 않는 좋은 작품도 찾아낼 수 있을 것이다. 좋은 작품을 온전히 소화하고, 직접 찾아낼 수 있다면 집요하게 소비하게 만드는 내면과도 영영 굿바이다. 그때 자본의 꼭두각시로서가 아니라 진짜 행복을 만끽하는 주인으로서 삶을 살 수 있다. 소비사회로부터의 탈출은 그렇게 가능하다.

6··· 내일을 위해
오늘을 희생하면 행복해질 수 있을까요?

———— 미래를 위해 지금을 희생하는
우리 시대의 미덕

"야, 주말에는 좀 쉬어, 그러다 몸 상하겠다."
"아니야, 젊었을 때 열심히 해놔야 나중에 행복하게 살지."

언젠가 친했던 직장 동료와 나눴던 대화였다. 그는 주중에는 회사 일
에 혹사당했고, 주말에는 자격증, 영어 공부를 하느라 제대로 쉬지 못했
다. 그런 그가 걱정이 되었고 주말이라도 제대로 쉬기를 바랐다. 하지만
그는 '지금 고생해야 나중에 행복하다'고 말하면서 고된 일상을 지속했
다. 끊임없는 소비를 조장하는 자본주의는 언제나 이런 식이다.

TV를 보는데, 고3 교실에 붙은 급훈이 나온 적이 있었다.

"오늘 걸으면 내일은 뛰어야 한다!"

마음 한 편이 씁쓸했다. '미래의 행복을 위해 지금은 당연히 희생해야 한다'는 논리를 너무 어린 나이부터 강요받는 것 같아서였다. 돌아보면 나 역시 그랬다. 우리 사회는 항상 '미래를 위해 지금의 희생은 당연하다'는 논리를 강요한다. 우리는 미래를 위해 지금을 희생하는 것을 미덕으로 삼는 시대를 살고 있다.

소비사회로부터의 탈출은 내일이 아니라 '오늘', 미래가 아니라 '지금'을 살겠다고 마음먹을 때 가능하다. 의아할 지도 모르겠다. 그나마 집요한 소비욕구를 자제하게 해주는 것이 바로 내일, 미래에 대한 기대감 아니던가? 지금 사고 싶은 것을 참고, 지금 먹고 싶은 것을 참고, 지금 놀러 가고 싶은 것을 참아야 집도 장만하고 결혼도 할 수 있다고 믿는다. 지금 우리가 가진 익숙한 사고방식 아닌가? 미래에 대한 기대 혹은 희망이 있어야만 그나마 소비를 참을 수 있다고 믿는다.

———— 내일을 위해 오늘을 희생하면
행복해질 수 있을까?

내일이 아니라 '오늘', 미래가 아니라 '지금'을 살겠다고 마음먹는 순간 불안해지기 시작한다. 자칫 방탕한 소비로 인생을 탕진하게 될까봐서다. 그러니 "소비사회로부터의 탈출은 '오늘과 지금'이 아니라 '내일과 미래'에 집중할 때 가능한 것 아니냐?"라고 반문할 수 있다. 돌려 말할 것 없다. 어리석은 생각이다. 정작 소비사회를 탈출하지 못하는 건 미래와 내일에 과도하게 신경 쓰고 있기 때문이다. 쉽게 납득할 수 없겠지만, 진정으로 '지금' 그리고 '오늘'을 살겠다고 마음먹은 사람만이 집요한 소비사회로부터 탈출할 수 있다.

예를 들어보자. 전셋집을 전전하는 월급쟁이 가장이 있다. 그의 꿈은 당연히 내 집 마련이다. 2년마다 '다음에는 어디로 이사 가야 하나?'라는 걱정하지 않아도 되는 내 집을 갖는 것이 꿈이다. 당연히 그 꿈은 '오늘과 지금'이 아니라 '내일과 미래'에 이루어질 일이다. 그는 소비사회로부터 탈출할 수 있을까? 빤한 월급에 집을 장만하려면 '오늘' 가족여행은 고사하고, '지금' 가족들끼리 오붓하게 식사를 하는 일도 사치스럽게만 느껴질 것이다. 오로지 집을 장만해야 한다는 생각에만 사로잡혀 있기 때문이다.

그래, 그렇게 10년을 고생해서 겨우 집 한 채 장만하게 되었다고 해보자. 그렇다면 이제 그들은 행복할까? '오늘과 지금'을 행복하게 살 수 있을까? 아닐 것이다. 집은 장만했으니 이번에는 남부럽지 않은 승용차 정도는 하나 있어야 하지 않겠냐며 또 다시 '오늘과 지금'을 희생하기 시작할 것이다. '내일과 미래'에 집착하는 사람은 결코 '오늘과 지금'을 살 수 없다. 집착했던 '내일과 미래'는 시간이 지남에 따라 '오늘과 지금'이 된다. 그리고 그 '오늘과 지금'은 다시 '내일과 미래'를 위해 희생해야 하는 시간이 되고 만다. '내일과 미래'만을 보고 사는 사람은 그 불행의 사이클에서 영원히 벗어날 수 없다. 엄밀히 말해 그런 사람에게 '오늘과 지금'은 존재하지 않는다. 언제나 '내일과 미래'만 존재할 뿐이다.

오늘 그리고
지금을 살자

이것부터 분명히 하자. 소비사회로부터의 탈출은 '소비하지 않는 것'이 아니라 '소비로부터 자유로워지는 것'이다. 소비로부터 자유로워지는 방법은 '오늘' 그리고 '지금'을 사는 데 있다. 집을 사기 위해, 자동차를 사기 위해 오늘을 희생하는 삶은 억지스럽게 소비를 억제하도록 기능하겠지만, 소비로부터 자유롭게 하지는 못한다. 아니 오히려 소비에 대한 욕구가 억눌리면 억눌릴수록 소비에 대한 욕구는 점점 더 커져만 갈 것이다. 철학자 조르주 바타유^{Georges Bataille}의 말처럼 '인간은 언제나 금지된 것을 더욱 욕망'하게 마련이니까.

<u>오늘을 살아야 한다.</u> 지금 당장 행복할 수 있는 일들을 해야 한다. 어떤 경우라도 '오늘과 지금'을 수단화해서는 안 된다. 소비 역시 마찬가지다. 능력이 되는 한도 내에서 '지금' 행복할 수 있는 소비를 하는 것이 좋다. 집을 사려는 이유가 무엇인가? 자동차를 사려는 이유가 무엇인가? 결국 행복지기 위해서 아니던가? 가족들과 행복하게 살기 위해 집을 사려고 했고, 연인과 데이트를 하고 가족들과 여행을 가기 위해 자동차가 필요했던 것 아닌가?

하지만 집과 자동차를 소유함으로써 누리게 될 행복은 언제나 '내일과 미래'의 일이다. 여기서 분명한 점은 그 '내일과 미래'의 행복을 누리기 위해서 '오늘과 지금' 돈에 쪼들리느라 불행하게 살 수밖에 없다는 사실이다. 그렇다면 '오늘과 지금'부터 행복하기로 마음먹은 사람은 어떤 삶을 살게 될까? 미래에 집을 살 돈으로, 내일 자동차를 살 돈으로, '지금' 가족들과 도란도란 이야기하며 식사를 할 것이고, '오늘' 연인과 기차를 타고 행복한 여행을 떠날 것이다.

'오늘', '지금'을 살면 과소비할 것 같지만 사실 전혀 그렇지 않다. '오늘', '지금'부터 행복하게 살기를 바라는 사람은 결코 방탕해지거나 과소비하는 법이 없다. 진지하게 '오늘'을 살려는 사람들은 '미래'를 위해 '현재'를 희생하는 사람들보다 훨씬 더 열심히 일하고 검약하게 산다. 당연하다. '오늘'을 살려는 사람은 안다. 일하지 않고 방탕하게 살며, 쓸데없는 곳에 과소비를 한다면 '지금' 그리고 '오늘' 행복할 수 없다는 사실을. '오늘'을 살려는 사람은 '내일'을 위해 사는 사람보다 훨씬 더 건강하게 일하고 절약하며 산다. 다시 돌아오지 않을 바로 '지금' 그리고 '오늘'의 행복을 누리기 위해서 말이다.

두 가지 삶이 있다. '미래'를 위해 '현재'를 희생하면서 악착같이 돈을 모으는 삶, 그리고 '오늘' 소중한 사람들과 소박한 여행을 떠나는 삶. 두 가지 삶 중 어떤 삶이 더 행복할까? 어떤 삶이 더 방탕한 것일까? 어떤 삶이 더 과소비하는 삶일까? 진지하게 생각해볼 일이다. 소비사회로부터의 탈출은 미래에 대한 불안감을 의연히 감당하면서 '오늘'을 살고, '지금' 행복하겠다고 강건하게 다짐하는 사람들에게만 가능하다. '내일'을 위해 '오늘'은 당연히 희생되어야 한다고 믿는 사람은 언제나 소비에 대한 결핍감을 안고 살 수밖에 없다. 그 결핍감이 바로 소비사회라는 감옥의 창살이다.

자본주의는 언제나 행복한 미래라는 환상을 보여준다. '지금 돈을 모으면 다음 달에 자동차를 살 수 있다'고 말하고, '지금 적금을 들면 몇 년 후에는 집을 살 수 있다'고 말한다. 소비사회는 집요하게 오늘의 희생을 강요한다. 이런 사회에 노출된 우리로서 '오늘과 지금'을 살아낸다는 것이 말처럼 쉬운 일이 아니다. 그래서 세상 사람 대부분이 '미래'의 행복을 위해 적금을 들고, 저축을 하며 사는 것이다. 상황이 이럴진대 사랑하는 사람과 '오늘' 행복하기 위해 식사하고 영화보고 여행하는 소비 앞에 어찌 불안하지 않을 수 있을까. 그렇게 우리는 불행해지는 게다.

7... 오늘도
나는 목적 없이 산다

—— 자본주의는 항상
행복한 미래라는 환상을 보여준다

이제 '지금', '오늘'을 살아낼 수 있는 실천적 방안을 이야기해보자. 간단하다. 목적 없이 살면 된다. 생각해보면 우리는 언젠가부터 목적이나 목표 없이 어떤 일을 해본 적이 없다. 아니 목적 없이 하는 일은 쓸데없는 일 혹은 시간 낭비라고 생각해왔다. 학창 시절 공부를 열심히 했던 이유는 대학을 가기 위해서였고, 대학 시절 영어를 열심히 공부했던 이유 역시 취업을 하기 위해서였다. 취업을 해서도 마찬가지다. 직장을 다니는 이유는 돈을 벌기 위해서니까.

매순간 하는 모든 일에 목적이 있다. 심지어 이제는 휴식조차도 '재충전'이란 단어로 대체되었다. 휴식마저도 다시 일하기 위한 목적을 달성하기 위한 과정이 되어버린 것이다. 젠장. 목적 없이 그저 자신을 내버려둘 수 있는 유일한 일인 휴식마저도 이제 목적이 생겨버린 셈이다. 나름 성공한 창업자가 내게 이런 말을 한 적이 있다.

"인간이 불행해지는 이유는 목적이나 목표가 사라졌을 때야."

그리고 '자신이 목적한 바를 이루었다면 재빨리 다음 목표를 설정해야 해'라는 말을 덧붙였다. 그때 느낀 답답함이란 정말 이루 말할 수 없다.

——— 삶의 불행은 목표가 없을 때가 아니라 목표 달성을 위해 질주할 때 발생한다

삶의 불행은 목적·목표가 없어졌을 때 발생하는 것이 아니다. 오직 특정한 목적·목표를 달성하기 위해 끝없이 질주할 때 발생한다. 이 당연한 삶의 진실을 왜 그토록 많은 사람이 잊고 있는 걸까? 인간은 자신다운 삶에 다가가는 만큼 더 행복해지는 존재다. 행복해지고 싶다면 자신만의 삶의 방향, 속도, 리듬을 알아야 한다. 자신만의 삶의 방향을 향해 자신만의 속도와 리듬으로 걸어가는 것이 바로 행복이다. 누군가는 이렇게 말할지도 모르겠다. 그 방향이 바로 누군가에게는 목적이나 목표가 되는 것 아니냐고. 아쉽지만 아니다.

우리가 목표로 삼고 있는 것을 정직하게 되돌아보자. 대체로 그것은 돈, 명예, 명성 같은 것일 테다. 이런 것은 '자신이 되는 것'이 아니라 '타인에게 사랑받고 칭찬받는 누군가'가 되는 것일 뿐이다. 세상 사람들이 흔히 말하는 목적·목표에 진짜 자신의 모습은 없다. 그러니 유능했던 사람들이 목적한 바를 이루게 되면 역설적이게도 슬럼프를 겪거나 방황하게 되는 것이다. 그래서 그들은 슬럼프가 싫어 재빨리 또 다른 목적과 목표를 세우는 것이다. 동서고금의 지혜로웠던 사람들은 모두 목적·목표를 따르는 삶을 살지 않았다. 다들 자신의 깊은 욕망의 끌림에 따라 자신만의 속도와 리듬으로 그저 하루를 즐겁게 채웠을 뿐이다.

—— 목적 없이
살기!

소비사회에서 탈출하고 싶다면, '오늘과 지금'을 살아내야 한다. 그러기 위해서는 목적 없이 사는 연습을 해야 한다. 분명 이것은 연습이 필요하다. '목적 없이 사는 일'은 무책임하고 방탕한 것이라는 시선이 가득한 시대기 때문이다. 물론 안다. 당장 모든 목적·목표를 모두 벗어던지고 살 수 없다는 거. 그러니 욕심 낼 필요 없다. 한 걸음이면 충분하다. 목적·목표 달성을 위해 점철된 삶에서 조금이라도 목적 없이 살 수 있는 삶의 영역을 확보할 수 있다면 그것으로 충분하다.

작고 사소한 것부터 시작하자. 특정한 목적을 가지고 만나는 직장 동료, 거래처 사람 대신 아무런 목적 없이 누군가를 만나보는 것은 어떤가? 갑자기 생각나는 친구에게 연락해 밥을 먹자고 하는 것도 좋다. 또 주말 하루쯤은 아무런 약속도 아무런 목적지도 정하지 않은 채 집을 나서는 것은 어떨까? 그렇게 발길 닿는 대로 목적 없이 살 수 있도록 잠시 우리를 그냥 놓아두자. 영어 공부를 위해, 자격증을 따기 위해 서점을 가지 말고 하루쯤은 그냥 아무 목적 없이 서점을 어슬렁거리자. 먼지 덮인 책 한 권이 보인다면 아무 페이지나 넘겨 읽어 나가자. 그렇게 거머리처럼 집요하게 들러붙은 목적·목표로부터 잠시 떨어지자.

목적 없는 삶의 영역을 넓혀 나갈 때, 뜻하지 않는 행운을 만나게 될지도 모르겠다. 아무 목적 없이 만난 친구를 통해 새로운 삶의 시선을 배울 수도 있고, 일요일 아침 발길 닿는 대로 움직이다 보면 늘 지나쳐 왔던 거리에서 전혀 새로운 모습을 발견할 수도 있다. 목적 없이 들렀던 서점에서 우연히 발견한 한 권의 책을 통해 전혀 다른 삶이 펼쳐지게 될지 누가 알겠는가? 이런 새로운 경험을 통해 오늘 그리고 지금을 살아낼 수 있게 되는 것이다.

─────── 낡아버린
메멘토 모리

'메멘토 모리'는 삶을 잘 살기 위해서 죽음을 생
각하라는 말이다. 아무리 천박한 인간이라도 자신의 죽음 앞에서는 진
지하게 삶을 되돌아보지 않을 수 없다. 그런 측면에서 죽음이라는 것은
소비사회로부터의 탈출을 돕는 중요한 실마리가 된다. 죽음을 앞에 두
고서 더 많은 돈을 벌지 못한 것을 후회하는 사람은 없을 테니까. 죽음
을 진지하게 숙고해본 사람들은 미래를 위해 결코 오늘을 희생하거나
탕진하지 않는다. 불확실한 미래를 가장 극적으로 보여주는 것이 바로
죽음이라는 이미지다.

죽음을 깊이 숙고한 사람은 모두 알고 있다. 우리에게 미래란 애초에
없을 수도 있다는 걸. 이는 현명한 사람들이 미래를 위해 결코 오늘을
희생하지 않는 근본적인 이유다. 하지만 집요한 소비사회는 이제 죽음
을 진지하게 사유할 여력마저 주지 않는다. 아니 심지어 죽음마저 하나
의 상품으로 판다. 요즘 들어 상조회사의 광고가 부쩍 많아진 데는 다
이유가 있는 셈이다. 그뿐인가? 노인들에게 '죽어서까지 아이들에게 짐
이 될 거냐!'라고 겁박하며 보험을 강권하는 것이 현재 소비사회의 흉
측한 맨 얼굴이다.

이제 죽음을 숙고하면서 오늘을 살아내고 소비사회를 탈출하는 것도 여의치가 않아 보인다. 불편한 것은 그저 외면하려는 인간의 나약함과 비겁함 그리고 그것을 기묘하게 이용하려는 자본주의 때문에 죽음은 이제 삶을 되돌아보게 만드는 힘마저 잃게 되었다. 돈을 벌기 위해 정신없는 하루를 보내고 있는 친구에게 삶의 의미를 깨닫게 해주기 위해서 물은 적이 있다. "너 일주일 뒤에 죽어도 지금처럼 살래?"

그는 대답했다.

"죽을 때 죽더라도 돈은 벌어야지."

한동안 삶을 되돌아 볼 수 있게 해주었던 '죽음'조차 소비사회에서는 낡은 상품이 되어버렸다.

———— 오늘 당신의 하루가
영원히 반복된다면?

소비사회로부터의 탈출을 위한 새로운 이미지가 필요하다. 니체^{Friedrich Wilhelm Nietzsche}에게서 하나의 실마리를 얻어 보자. '영원회귀'라는 것이다. '영원회귀'는 니체의 공상적인 관념이다. 간단히 설명하자면, 삶은 원의 형상을 하고 있고, 그것은 영원히 반복된다는 것이다. 혹시 영화 〈사랑의 블랙홀〉(1993, 감독 해롤드 래미스)을 본 적이 있는지 모르겠다. 주인공의 하루가 영원히 반복되면서 일어나는 에피

소드를 다루고 있다. 니체의 영원회귀라는 이미지가 이 영화와 닮아 있다고 생각하면 이해하기 쉽다.

쉽게 말해, 천 년 전의 삶이 있고, 지금 삶이 있고, 천 년 후의 삶이 있을 때, 그 삶은 백 년이란 사이클을 따라 무한히 되풀이된다는 것이다. 예를 들면 이런 것이다. 지금 내가 40평대 아파트를 사기 위해 20년간 가기 싫은 직장을 꾸역꾸역 다니는 삶을 살았다면, 바로 그 순간 1,000년 전에도 우리는 그 삶을 살았던 것이 되어버리고, 1,000년 후에도 그 삶을 살게 된다는 것을 의미한다. 즉, 니체 '영원회귀'의 묘수풀이는 '인간은 과거와 미래를 결코 알 수 없다'는 데 있다.

알고 보면, 이 영원회귀란 이미지가 보통 무시무시한 것이 아니다. 죽음이란 이미지는 영원회귀에 비하면 귀엽고 순진해보일 정도다. 이번 생에서 알량한 아파트를 하나 사기 위해 20년을 고생한 것도 죽으면 끝나버리는 것 아닌가? 하지만 영원회귀에 따르면 그 지긋지긋한 20년의 삶이 영원히 반복된다는 것이다. 지금 지나가는 사람에게 영문도 모른 채 따귀를 맞고 아무 말도 따져 묻지 못한다면, 그 분통 터지는 일은 영원히 반복된다는 말이다. 동시에 그 나약함 역시 영원히 반복되게 된다.

지금 그리고 오늘 어떤 행동을 하는가에 따라 천 년 전, 백 년 전에도 천 년 후, 백 년 후에도 그 행동을 무한히 반복하게 되는 셈이다. 그 때 우리는 어떤 행동을 하게 될까? 모르긴 몰라도 넓은 집을 사느라, 좋은 차를 사느라, 비싼 옷을 사느라, 하고 싶지 않은 일을 몇십 년 동안 꾸역꾸역 하는 짓만은 하지 않을 것이다. 니체는 '영원회귀'라는 개념을 통해 현실의 삶에 존재하는 고뇌와 기쁨을 받아들이라고 말했다. 또 삶의 순간순간을 충실하게 살아내는 데에 생의 자유와 구원이 있다고 말했다. 미래와 내일이 아니라 바로 지금 이 순간에 행복해야 한다는 사실을 영원회귀라는 다소 공상적인 개념을 동원해 이야기하고 싶었던 것일 테다.

소비사회로부터의 탈출, 그것은 지금의 삶을 수단화하지 않고, 니체의 말처럼 우리의 삶이 무한히 반복된다는 이야기를 믿어보는 것으로 시작해보는 것은 어떨까? 삶이 죽음으로 끝나는 것이 아니라 지금 선택하는 그 삶이 영원히 반복된다고 생각할 때, 소비로부터 자유로운 삶을 살 수 있을지도 모른다. 지금 그리고 오늘의 후회스러운 행동 하나가 영원히 반복된다고 할 때, 가장 행복한 삶을 당장 살아내려고 하지 않을 수 없으니까 말이다. 지금 그리고 오늘이 영원히 반복된다고 믿자. 그렇게 소비사회로부터 탈출하자.

8 ... 지금, 오늘, 우리 함께

——— 다 함께
잘 살면 안 될까요?

　　자본주의를 극복하는 원론적인 방법은 이미 나와 있다. 남보다 잘 사는 것, 나만 잘 사는 것이 아니라 '다 함께 잘 살고자 하는 사람'이 많아질 때 자본주의는 극복 가능하다. 그때가 되면 돈을 많이 벌어 자유로운 삶이 아닌 돈으로부터 자유로운 삶을 살게 될 것이다. 분명 옳은 이야기다. 하지만 '옳은 이야기'는 현실에서 '옳기만 한 이야기'로 남곤 한다. 그래서 원론적인 이야기는 종종 공허해지곤 하는 것이다.

　현실에 발을 딛고 사는 우리에게는 실천 가능한 구체적인 이야기 역시 중요하다. 우리 삶에서 바로 적용할 만한 방법 말이다. 이제 자본주의를 극복할 수 있는 구체적인 방법을 이야기해보자. 원론적이고 옳은 이야기가 각자의 구체적인 삶 속에서 제대로 작동할 수 있도록 말이다.

———— 아나바다 운동의
　　　복원

　　　　　1997년 외환위기 이후, 한동안 아나바다 운동이
유행했던 적이 있다. 아나바다는 '아껴 쓰고, '나눠 쓰고, '바꿔 쓰고,
'다'시 쓰자는 것이었다. 당시 아나바다 운동은 민중 차원에서 자발적으
로 조직된 운동이 아니었다. 정부 차원에서 주도했던 운동이었다. 정부
주도로 진행된 아나바다 운동은 매우 기만적인 행태였다. 모두가 알다
시피 당시 외환위기는 부패하고 무능한 정부와 관료들의 잘못으로 발
생한 사태였다.

　그럼에도 불구하고 정부는 외환위기에 대처하는 방식으로 국민들에
게 "아껴 쓰고, 나눠 쓰고, 바꿔 쓰고, 다시 쓰라"고 말했다. 정부는 국민
들에게 은근슬쩍 이렇게 말했던 셈이다.

　"너희들이 과소비해서 국가가 이 지경이 된 거야!"

　외환위기 사태의 책임을 교묘하게 국민들에게 떠넘겨 버렸다. 당시
아나바다 운동을 하면서 '그래, 내가 너무 과소비를 했었어. 그러니 이
런 사달이 난 거야'라며 자조적으로 말하는 이들이 적지 않았으니, 정

부 전략은 일정 정도 유효했던 셈이다.

하지만 이건 조금만 생각해보면 코미디다. 자본주의가 무엇인가? 생산자들이 만든 상품을 소비자들이 끊임없이 소비할 때 유지될 수 있는 체제 아니던가. 달리 말해 국민 대다수인 노동자가 등골 빠지게 일해서 번 임금을 원활히 소비했기에 1997년 이전까지의 유래 없는 호황이 가능했던 것이다. 국민들은 자본주의가 원하는 대로 충실히 복무했을 뿐이다. 그런데 이제 와서 경제 위기의 책임이 과소비를 한 국민들에게 있다고 우회적으로 말하고 있으니, 이건 정말 웃지 못할 코미디다.

당시 정부가 간교한 책임 전가의 논리로 앞세웠던 아나바다 운동을 우리가 다시 이용하자. 아나바다 운동을 복원할 필요가 있다. 꼭 필요한 것은 '아껴 쓰고', 나에게 필요 없는 것은 이웃과 '나눠 쓰고', 웬만한 것은 옆집 사람과 '바꿔 쓰고', 새로운 상품을 사는 대신 있는 것을 '다시 쓸 수' 있을 때, 지금보다 돈에 덜 얽매이는 삶을 살 수 있기 때문이다. 아나바다 운동은 자본(혹은 자본가) 입장에서 섬뜩한 운동이다. 끊임없이 상품을 팔아서 잉여이윤을 남겨야 하는 자본(혹은 자본가)의 입장에서 소비자들이 모두 아껴 쓰고 나눠 쓰고 바꿔 쓰고 다시 쓰면 어찌 될까? 길게 부연설명 할 필요도 없다.

아나바다 운동의 핵심은 '함께 잘 사는' 데 있다. 혼자서는 아나바다 운동을 할 수 없다. 나눠 쓰고 바꿔 쓰려면, 나눠 쓸 바꿔 쓸 사람들이 있어야 할 것 아닌가? 또한 소비를 통해 남들과 구별 짓고, 뽐내려고 할 때 아나바다 운동은 애초에 요원하다. 소비를 통해 자신을 증명하려는 사람은 언제나 많은 돈을 들여 새로운 상품으로 치장할 수밖에 없다. 그렇게 경쟁적으로 소비하는 것은 언제나 자본, 자본가에게 좋은 행위이다. 그래서 자본은 끊임없이 새로운 유행을 만들어 더 비싼 유행 상품을 만드는 데 사활을 거는 것이다.

모든 사람들의 꿈이 부자가 될 때 희망은 없다. 희망은 '조금 부족하더라도 조금 불편하더라도 모든 사람들이 다 함께 잘 사는 세상을 꿈꾸는' 데에 있다. 돈에 매여 살지 않기 위해서는 다 함께 잘 사는 방법을 고민해야 한다. 남들보다 더 잘 사는 것이 아니라 조금 부족하더라도 다 함께 잘 사는 방법을 고민해야 한다. 우리가 이런 고민을 하지 못하는 이유도, 이런 고민을 순진한 생각이라 여기는 이유도, '남들보다'로 시작되는 우리의 경쟁적 탐욕 때문이란 사실을 더 늦기 전에 깨달아야 한다.

돈 없는 사람들이 '나도 강남에 한 번 살아보자', '나도 벤츠 한 번 몰아보자', '나라고 샤넬 백 못 갖고 다니라는 법 있어'라고 생각하는 순간 우리는 영원히 돈에 매여 살 수밖에 없다. '옆 사람 다리를 걸어서라도 내가 먼저 앞서 가겠다'는 탐욕적이고 경쟁적인 태도에서 벗어나야 한다. 조금 느리더라도 조금 불편하더라도 옆 사람과 함께 걸어가겠다고 마음먹는 사람이 많아질 때, 우리는 돈으로부터 자유로워질 수 있다.

우리 속에 깊이 내면화된 경쟁적 탐욕을 적절히 제어할 수 있다면, 진짜 아나바다 운동을 시작할 수 있다. 고결하고 헌신적인 삶을 살라는 말을 하려는 것이 아니다. 그저 옆에 있는 사람들과 함께 살아가려는 의지를 가지고 조금 아껴 쓰고, 나눠 쓰고, 바꿔 쓰고, 다시 쓰면 어떨까 하는 제안을 하고 싶은 것이다. 가능하다면 그 '옆에 있는 사람들'을 조금씩 확장해나가면 된다. 그걸로 충분하다. 가족에서 이웃으로, 나중에는 한 번도 만난 적 없는 사람들까지 확장할 수 있다면 좋겠다.

'내가 사는 동네를 조금 더 행복하게 만들 방법은 없을까?', '바로 옆에 있는 사람과 함께 할 수 있는 일은 없을까?', '내가 조금 손해 보더라도 나보다 더 가난한 사람들을 위해 무언가 할 수 있는 것은 없을까?'라는 인식의 전환이 일어날 때, 돈으로부터 조금 더 자유로워질 것이다. '나부터 부자가 되는 것'이 아니라 '함께 살아가는 것'이 꿈이 되었을 때 자본은 더 위축되어 갈 것이고, 자본이 위축된 그 만큼 우리는 돈으로부터 자유를 얻을 수 있을 것이다. 이것이 내가 믿는 자본주의 극복 방법이다.

내가 사는 작은 동네에서
매일매일 소소한 행복을 느낄 수 있다면,
어느 누구도 해고당하지 않고
옆자리의 동료와 같이할 수 있다면,
조금 느리고 조금 불편해도
천천히 함께 걸어가는 게 불안하지
않을 수 있다면,

9···   조금 덜 오래된
     미래

———— '오래된 미래'는
        가능한가?

　　　　　혹자는 지금의 병적인 자본주의 사회의 문제점에
대해 지적하면서 그 대안으로 '오래된 미래'에 대해서 말하곤 한다. 이
'오래된 미래'라는 것은 과거 인디언 사회를 언급하면서 자본주의 이전
의 공동체 사회로 복귀하자는 이야기가 대부분이다. 자본주의 시대 이
전 자연과 함께 살았던 삶의 지혜가 필요하다는 것이다. 개인적으로 이
러한 주장에 대해 대체로 동의하는 편이다. 강한 유대관계를 바탕으로
한 공동체 생활을 했었던 시대로 다시 돌아갈 수만 있다면, 삶을 황폐
하게 하는 지금과 같은 자본주의는 어디에도 설 자리가 없을 테니까.

하지만 '과연 그게 가능할까?'라는 의구심 역시 떨칠 수가 없다. 어찌 되었든 우리는 이미 자본주의에 적응할 만큼 적응한 사람들이다. '오래된 미래'에 대한 논의에 전반적으로 동의하는 동시에 현실성은 조금 떨어진다고 보는 편이다. 그 이유는 자본주의의 핵심 동력이 바로 분업에 있기 때문이다. 자본주의에 적응한 우리는 생계를 유지하는 모든 일을 직접 하지 않는다. 밥을 먹기 위해 농사를 짓지 않고, 생선을 먹기 위해 낚시를 하지 않으며, 매일 운전을 하지만 자동차를 만들진 못한다.

자본주의를 받아들인다는 것은 분업체계를 받아들인다는 것과 정확히 같은 의미다. 자본주의, 그러니까 이 분업체계를 받아들인 대가로 농사를 짓고 사냥을 하면서 자급자족할 수 있는 능력을 이미 오래 전에 잃었다. 지금 이런 현실적인 상황을 고려하면 자본주의의 대안으로 '오래된 미래'는 정말 가능하긴 한 걸까? 자본주의적 분업에 적응할 대로 적응한 사람 중 '오래된 미래'를 감당할 수 있는 사람들이 과연 얼마나 될까?

───── 화폐 없이
살 수 있을까?

그래서 '조금 덜 오래된 미래'에 대해서 이야기하고 싶다. 자본주의 사회에 대한 대안으로서 너무 오래된 미래 말고, 조금 덜 오래된 미래에 대해서 이야기해보자. 우선 자본주의라는 미친 열차를 멈추기 위해서는 돈으로부터 자유로워져야 한다. 정확히는 화폐로부터 자유로워져야 한다. 지금처럼 모든 생활에 절대적으로 화폐가 필요하다면 결코 자본주의로부터 자유로워질 수 없다.

우리는 화폐 없이 살 수 있을까?

상상력을 조금 발휘해보자. 만약 화폐 없이 기본적인 삶을 유지할 수 있다면 그 삶은 어떨까? 식당에서 음식과 돈을 교환하지 않아도 되고, 영화관에서 티켓과 돈을 교환하지 않아도 된다면 어떨까? 직장에서 하기 싫은 일을 하면서 그 긴 시간 동안 짜증나는 인간들과 함께하지 않아도 될 것이다. 화폐 없이 삶을 유지할 수 있다면 조금 더 많은 여가시간이 주어질 것이고 조금 더 자유로운 삶을 살게 될 것이다. 결국 우리가 원했던 것은 여가시간과 자유였지 돈이나 화폐 그 자체는 아니었으니까 말이다.

------- 새로운 대안,
'LETS'는 무엇일까?

여기서 상상의 수위를 조금 더 높여보자. 발칙하

게! 국가나 정부가 인정하는 기존의 화폐가 아니라 작은 공동체 안에서 사용할 수 있는 새로운 화폐를 만들 수 있다면 어떨까? 돈으로부터 자유롭게 살 수 있는 대안으로 'LETS'를 이야기하고 싶다. LETS는 'Local Exchange Trading System'의 줄임말로 지역경제화폐를 의미한다. LETS를 간단히 설명해보자. 기존의 중앙화폐(현금, 신용카드)를 매개로 하지 않고 특정 지역 내에서 공동체 구성원들이 서로 필요로 하는 재화와 서비스를 자발적으로 교환하는 것이다. 그럼으로써 돈 없이도 일정 수준의 소비 생활이 가능하도록 하는 경제 시스템이 LETS다. 특정 공동체에서 통용되는 '가상 화폐'를 사용하여 구성원들 간에 돈 없이 서비스나 물품을 교환하는 것이다.

LETS에 대해서 일본의 철학자 가라타니 고진柄谷行人은 《트랜스크리틱》에서 이렇게 말하고 있다.

"LEST는 참가자가 자기 계좌를 갖고 자신이 제공할 수 있는 재화나 서비스를 목록에 올려 자발적으로 교환하며, 그 결과가 계좌에 기록되는 다각 결제 시스템이다. LETS의 통화는 중앙은행에서 발권되는 현금과 달리 재화나 서비스를 제공받는 사람이 그때마다 새롭게 발행하도록 되어 있다. (중략) LETS에서는 각자가 (단지 계좌에 기록할 뿐이지만) 통화를 발행할 권리를 가진다. 국가 주권의 하나가 화폐 발행

권에 있다고 한다면, LETS는 말뿐인 인민 주권이 아니라 각자를 진정한 주권자이도록 하는 것이다."

우리에게 LETS는 여전히 생경한 개념일 수 있다. 쉽게 설명하기 위해 진규, 성찬, 유나 이렇게 3명이 있다고 가정해보자. 진규는 볶음밥을 만들 수 있고, DVD를 가지고 있다. 성찬은 컴퓨터를 고칠 수 있고, 책을 가지고 있다. 유나는 아이를 가르칠 수 있고, 옷을 가지고 있다. 그럼 이제 자신이 할 수 있는 능력과 가지고 있는 물건을 자신만의 계좌 목록에 올려놓는다.

진규는 아이를 가르칠 수 없기 때문에 유나에게 아이의 교육을 부탁한다. 그리고 유나는 진규가 제공하는 쿠폰 형식의 통화(일종의 화폐)를 받는다. 가상의 돈이 생긴 것이다. 유나는 당장 받고 싶은 서비스가 없지만 상관없다. 그 가상의 화폐 역시 지금 우리가 가진 화폐처럼 썩거나 사라지지 않으니까. 그러던 어느 날 유나가 책을 읽고 싶다면 이제 그 가상의 화폐를 성찬이게 지급하고 그의 책을 가지고 올 수 있다. 그리고 성찬이는 그 가상의 돈을 이용해 다시 진규의 DVD를 가져올 수 있게 되는 것이다. LETS는 이런 식으로 기존의 화폐 없이도 삶을 유지하게 해준다.

───── 조금 덜 오래된 미래,
'LETS'

　　　　아다. 앞의 이야기는 어디까지나 이론일 뿐 현실
에서의 적용은 어려울 것 같다고 여기는 사람도 많다는 거. 하지만 앞
서 내가 LETS라는 개념을 설명하면서 이것을 '덜 오래된 미래'라고 말
한 이유가 있다. 실제로 이런 지역경제화폐의 개념은 1980년대에 이미
현실화된 적이 있다.

　1980년대 초 경기침체와 고실업에 시달리던 캐나다의 작은 마을 커
트니(Courteney)는 불황과 실업으로 인한 궁핍에 시달렸다. 당시 영국
에서 이민 온 '마이클 린튼'은 이러한 상황 속에서 현금 없이 물건과 서
비스를 교환할 수 있는 시스템을 생각해냈다. 컴퓨터 프로그램을 이용
하여 지역 화폐 거래관리 시스템을 개발했으며, 회원으로 가입한 지역
주민들이 이를 이용하여 재화와 서비스를 서로 교환하도록 한 것이다.
이렇게 시작된 지역경제화폐 제도는 1990년대에 본격적으로 확산되기
시작했으며 이후 캐나다, 뉴질랜드, 영국, 호주, 미국 등지에서 LETS, 녹
색달러, 이타카 지역화폐, 페이퍼, 타임달러 등의 여러 가지 얼굴로 퍼져
나갔다.

　주목할 만한 점은 가라타니 고진이 일본에서 LETS라는 개념을 적용

한 새로운 대안 공동체를 운영한 적이 있다는 사실이다. 고진이 이끌었던 NAM(New Associationist Movement; 새로운 연합주의 운동)이라는 대안 공동체다. 아쉽게도 NAM운동은 현재까지 지속되진 못했다. 하지만 그 이유에 대해서 일부 철학자들은 고진의 실험이 멈춘 것은 그의 이론이 틀려서라기보다는 공동체 구성원들의 절박한 실천의지 때문일 거라고 진단하고 있다.

LETS는 상당히 현실적인 대안이다. 자본주의가 야기한 철저한 분업화에 적응한 우리로서 '오래된 미래'로 복귀하는 것은 너무 멀고 힘들어 보이기 때문이다. 하지만 LETS는 구체적이고 실현가능성이 높다. 분업화라는 자본주의가 남긴 현실적 조건 바탕 하에서 각자의 능력에 기반을 두고 공동체를 이루며 살 수 있기 때문이다. 어쩌면 LETS야말로 큰 거부감 없이 일상을 혁명할 수 있는 유일한 대안일지도 모른다. LETS라는 것이 얼마나 구체적이고 실제적인지는 두레나 품앗이 같은 우리 선조들의 지혜로운 전통만 봐도 충분히 알 수 있다.

10 ··· 너랑 나랑 녹색이 되자;
지역화폐 LETS

———— 검은 백조,
한밭레츠

　　여전히 LETS라는 것이 정말 실현 가능한지 의구심을 완전히 거둘 수는 없다. 이제껏 보아온 세상만이 유일하고 당연한 세상이라고 믿기 때문이다. 태어나서 하얀 백조만 보았던 사람에게 검은 백조가 존재할지도 모른다는 말은 황당한 이야기에 지나지 않을 것이다. 아무리 검은 백조를 잘 묘사한 책과 그림을 제시한다고 해도, 그 효과는 '검은 백조가 정말 있을까?'라는 의구심을 줄이는 정도에 그칠 것이다. 이럴 때 가장 좋은 방법은 단연 눈앞에 검은색 백조를 가져다 놓는 방법이다.

자, 그럼 이제 마지막 카운터펀치다. 컴퓨터를 켜고 해당 사이트 주소 (http://www.tjlets.or.kr)를 입력해보자. 검은 백조가 나타날 테니까. 위 사이트 주소는 '한밭레츠'라는 단체의 주소다. 한밭레츠는 1999년부터 지금까지 '두루'라는 지역화폐를 사용하고 있는 한국의 공동체다. 캐나다도 일본도 아닌 한국에서 이미 LETS를 현실에 적용하고 있는 사람들이 있다. '설마 그게 되겠어?'라며 마지막까지 의심의 눈초리를 거두지 못했던 우리에게 이 정도면 검은 백조 아닐까?

한밭레츠의 실제 사례를 살펴보면, LETS가 기존 화폐의 대용으로서만 기능하는 것이 아니라는 사실을 알 수 있다. 한밭레츠의 대회협력실장을 맡고 있는 김성훈 씨의 이야기를 직접 들어보자.

"레츠는 간단합니다. 쪽지 두 개를 들고서 사람들 필요한 거 다섯 가지씩 써내라고 하고 그거 다 돌아가면서 얘기하는 겁니다. 자기가 필요한 건 뭐고 줄 수 있는 건 뭐다. 이렇게. 자본주의 사회는 특별한 상품이나 서비스를 제공할 수 없으면 난 할 수 있는 게 없다고 생각하게됩니다. 그런데 사람은 누구나 잘할 수 있는 게 한두 가지는 있습니다.한밭레츠 회원 중에 평소 폐병 있는 분이 계셨는데 이 분이 맹인 분을 동사무소까지 안내하는 품앗이를 한 적이 있어요. 폐병 때문에 아무것도 할 수 없다고 생각하셨던 분이 자기도 뭔가 할 수 있는 게 있

다는 사실을 알면서 되게 좋아하시더라고요." (연합기획취재단, 'LETS
기획취재' 중 발췌)

——— 인간의 동등한 존엄을
복원하는 LETS

김성훈 씨 이야기에 등장하는 폐병에 걸린 사람
은 자본주의 개념 안에선 돈을 벌지 못하는 '쓸모없는' 인간이다. 건강
이 안 좋긴 하지만 여전히 몸을 움직일 수 있고 작고 소소한 일들을 할
수 있음에도 불구하고 그의 자존감은 땅에 떨어졌을 것이다. 오직 그놈
의 돈을 벌지 못한다는 이유 하나로 말이다. 자본주의 안에서 바로 지
금 일반적으로 일상적으로 벌어지는 상황이다.

하지만 LETS라는 개념 안에서는 상황이 전혀 달라진다. 폐병환자는
직장생활을 하는 정도의 고강도 업무는 할 수 없지만 시각장애인을 동
사무소까지 안내하는 일 정도는 충분히 할 수 있다. 폐병환자는 그 대
가로 지역화폐를 얻을 수 있다. 그렇게 번 '두루'(지역화폐)는 폐병환자
에게 그저 생계를 유지할 수 있는 물물교환수단 그 이상의 의미를 가진
다. 자신이 직접 일해서 필요한 것을 얻을 수 있는 능력이 있다는 긍정
적 자각은 물론이고, 자신은 아무 것도 할 수 없는 존재라는 부정적 자

기 인식에서 벗어날 수 있게 된 것이다. 이보다 사람냄새 나는 화폐가 또 어디 있을까.

실제로 이런 공동체 안에 있다면 적어도 돈이 없어서 생존이 위협받는 일은 없을 것이다. 이런 공동체에 속해 있었다면 생계의 압박을 감당하지 못해 스스로 목숨을 끊었던 그 처연한 죽음들도 미연에 방지할 수 있지 않았을까? 김성훈 씨의 말처럼 '사람은 누구나 잘할 수 있는 게 한두 가지는 있게' 마련이니까. 늘 불규칙한 수입 때문에 불안해하던 친구에게 한밭레츠를 소개해주었을 때 그가 했던 말이 생각난다.

"여기 있으면 적어도 돈이 없어서 굶어죽을 일은 없겠네."

위와 유사한 사례들을 통해서 지금의 참혹한 자본주의가 얼마나 많은 사람들을 잔인하게 소외시켜왔는지 여실히 알게 된다. 오직 돈을 벌지 못한다는 이유로 말이다. LETS는 자본주의의 많은 문제점들을 완화·보완할 있는 아주 훌륭한 대안이다. 나는 조금 더 많은 사람들이 LETS라는 개념을 알게 되고 또 익숙해지기를 희망한다. 그간의 한밭레츠 활동과 실제로 LETS가 한국에서 어떻게 구현되고 싶은지를 조금 더 알고 싶으신 분은 위 사이트로 접속해 보시라.

LETS가 남긴
숙제들

물론 LETS를 실제로 진행하기에는 여전히 많은 문제점이 있는 것도 사실이다. 남들보다 더 잘 살고 싶다는 탐욕도 제어되어야 하고, 공동체 구성원 간에 깊은 신뢰도 전제되어야 할 것이다. 그뿐인가? LETS가 활성화된다면 정부나 기득권이 가만히 있지 않을지도 모른다. 중앙화폐는 거부하고 자체적으로 삶을 영위한다면 정부는 국가를 어찌 운영할 것이며, 재벌 총수는 어떻게 그 많은 돈을 벌 수 있을 것인가. 칼 마르크스의 말처럼 자본가는 우리(노동자)의 노동력을 착취하여 잉여가치를 남기고, 가라타니 고진의 말처럼 국가는 재분배를 명분으로 우리(국민)들을 끊임없이 착취하니까 말이다.

자본주의는 만만치가 않다. 그러나 지금 이대로의 자본주의를 방치한다면 우리의 삶은 더욱 피폐해질 것이다. 현실적인 어려움이 많더라도 우리가 할 수 있는 것들을 고민하고 모색하며 실천해나가야 한다. 그래서 지금의 병적인 자본주의의 속도를 조금이라도 늦추어야 할 것이다. 늦춰진 속도만큼 우리는 제대로 된 행복을 영위할 수 있게 될 것이다.

NO MORE PAIN.
I WANT

NORMAL
NORMAL
NORMAL
NORMAL

NORMAL

철학, 내 인생을 망치러 온 나의 구원자

"자기계발서 작가면 실제적인 도움이 되는 이야기를 해야지? 왜 철학 같은 뜬구름 잡는 이야기를 하고 그래요?"

어느 회사 신입사원 강연을 하고 난 이후에 받은 메일의 내용이었습니다. 그 메일 때문에 한동안 멘붕에 빠져 있었습니다. 그 메일을 받은 며칠 뒤였을 겁니다. 친구를 오랜만에 만났습니다. 그는 소주 한 잔을 들이켠 후 제게 물었습니다.

"너는 정체성이 뭐냐?"

대기업에서 멀쩡하게 직장생활 잘 하다가 돈도 안 되는 글을 쓴다고 좋은 직장을 그만둔 제가 황당했나 봅니다. 그 녀석의 느닷없는 정체성 질문 덕에 한동안의 멘붕으로부터 탈출할 수 있었습니다.

이제 제 직업적 정체성을 분명히 말할 수 있을 것 같습니다. 저는 분명히 자기계발서 작가입니다. 독자들에게 실제적이고 구체적인 도움을 주는 글을 쓰는 자기계발서 작가 말입니다. 그런데 저의 그런 직업적 정체성과는 별개로 저에게는 꿈이 하나 있습니다. 그것은 인문학적인 사람이 되는 것입니다. 지금은 자기계발서 작가이지만 언젠가는 인문학적인 글을 쓰는 사람이 되고 싶습니다. 그리고 이제 알고 있습니다. 진짜 자기계발은 인문학적인 소양 없이는 불가능하다는 사실을 말입니다.

사람들이 인문학을 왜 그리도 찾을까요? 그것은 인간이라는 동물을 조금 더 깊이 알고 싶어서일 겁니다. 인문학, 그러니까 인간이라는 동물에 대해서 조금 더 깊이 알려고 노력하는 이유는 너무도 분명합니다. 결국 행복한 삶을 살고 싶어서이지요. 인문학적 소양을 쌓아 지금보다 행복한 삶을 살고 싶은 것입니다. 그런데 이것은 사람들이 자기계발서를 읽는 이유와 똑같지 않나요? 실제적이고 구체적인 도움이 되는 자기계발서를 읽는 이유 역시 궁극적으로 행복하기 위해서 아닌가요?

행복하기 위해, 처세술도 일 잘하는 기술도 필요하지요. 하지만 뒤집어서 한 번 생각해볼까요? 처세술을 익히게 되고, 일을 잘하는 기술을 알게 되면 행복해질까요? 아닌 것 같습니다. 왜냐하면 처세술, 일 잘하는 기술이 적힌 자기계발서는 정말 무엇이 행복인지 근본적으로 질문하도록 만들지 못하기 때문입니다. 근본적인 질문은 건너뛴 채 어디로 가야 할지 모르면서 무작정 달려가는 사람 같아 보입니다. 자기계발서가 종종 공허하게 느껴지는 이유가 바로 이 때문일 겁니다.

자기계발서로 행복해지기 위해서는 기본적인 인문학적 토대가 있어야 합니다. 그 인문학적 소양을 익히는 방법은 문학일 수도 있고, 역사일 수도 있고, 철학일 수도 있습니다. 어떤 방법을 택하든 진짜 자기계발을 하기 위해서는 인문학적 소양이 필요합니다. '나의 행복이 무엇인가?'라는 질문조차 하지 못한 채 수많은 자기계발서에 나온 처세술과 기술을 익힌다고 행복할 수 있을까요? 단연코 아닙니다. 이제 이 책을 덮으시려는 여러분께 그 사실을 말씀드리고 싶습니다.

"자기계발서 작가 주제에 왜 철학 같은 주제 넘는 이야기를 하냐?"는 불평 섞인 질문에 이제야 당당하게 답을 할 수 있을 것 같습니다. 개인적인 대답은 "제 꿈이 인문학적 사람이 되는 것이기 때문입니다"이고, 독자들과 소통하는 저자로서의 대답은 "진짜 자기계발은 기본적인 인문학적 소양을 토대로 할 때만 가능하니까요"입니다. 자기계발서만으로 삶이 변화할 수 있다고 믿지만 이미 많은 분들이 알고 계실 겁니다. 자기계발서를 읽는 순간 잠시 뜨거워지지만 이내 헛헛함을 느낄 수밖에 없었던 그 경험들 말입니다.

철학은 결코 뜬구름 잡는 이야기가 아닙니다. 배가 목적지까지 도착하기 위해서는 노만 힘차게 젓는다고 되는 것이 아닙니다. 올바로 방향타를 잡을 수 있어야 합니다. 방향타를 잘못 조정한 채 열심히 노만 저으면 자칫 목적지와 더 멀어질지도 모릅니다. 철학은 우리 삶에서 그런 방향타 역할을 하는 것이라고 저는 믿고 있습니다. 그렇다면 그런 중요한 방향타를 뜬구름 잡는 이야기로 치부하는 사람은 어떤 사람일까요? 눈에 보이는 노만 실용적이라고 생각하고, 물 아래 잠겨서 보이지 않는다는 이유로 방향타의 역할을 외면하는 어리석은 사람 아닐까요?

* * *

돌아보니 저는 근사한 사람이 되고 싶었습니다. 어쩌면 제 삶 자체가 근사한 사람이 되고자 노력했던 과정이었던 것 같기도 합니다. 악착같이 다이어트를 했던 것도, 기를 쓰고 대기업에 가려고 했던 것도, 물불 안 가리고 돈을 모으고 싶었던 것도 모두 근사한 사람이 되고 싶어서였습니다. 운이 좋아서 제가 했던 노력들은 대체로 다 좋은 결실을 맺을 수 있었습니다. 100kg에서 70kg로 감량해 멋진 몸매도 가져보았고, 다들 들어가 보고 싶다는 대기업에 다녀보기도 했고, 직장을 다니면서 악착같이 돈을 모아보기도 했습니다.

그런 크고 작은 성취들에도 불구하고 저는 여전히 늘 어떤 공허함 같은 것을 느꼈습니다. 아니 정직하게 이야기해서 제가 그다지 근사한 사람이 되었다고 느낄 수가 없었습니다. 멋진 몸매만 갖게 되면, 대기업만 가게 되면, 돈만 모으게 되면 근사한 사람이 될 수 있을 것이라고 믿었습니다. 그래서 앞만 보고 쉬지 않고 달려왔는데 자신이 근사한 사람이라고 느껴지지 않았습니다. 점점 보잘것없는 초라한 존재처럼 느껴졌습니다. 그 자괴감에 한동안 방황했습니다.

가끔 주위 사람에게 고민을 이야기하면 사람들은 당황했습니다. 대기업에 다니고, 직장에서 인정도 받고, 게다가 책도 쓴 나름 잘나가는 직장인이 무슨 고민이 있냐는 것이었습니다. 그렇게 누구에게도 저의 방황과 고민에 대해서 이야기하지 못할 때쯤 우연히 한 권의 철학 책을 만났습니다. 그 책 읽은 뒤 제 삶은 소용돌이치듯 변했습니다. 조금 거창하게 말하자면 제게 철학은 구원이었습니다. 어떤 사람이 정말 근사한 사람인지, 또 그런 근사한 사람이 되려면 어떻게 해야 하는지 철학은 분명하게 알려주었기 때문입니다.

철학을 접하면서 전혀 다른 존재가 되었습니다. 이제 분명히 알게 되었습니다. 멋진 몸매를 가진 사람, 대기업을 다니는 사람, 돈 많은 사람이 근사한 사람이 아니라는 사실을 말입니다. 정말 근사한 사람은 자신만의 확고한 철학을 가진 사람입니다. 철학을 접하고 더 이상 방황하지 않게 되었습니다. 그것만으로도 철학은 분명 구원이었습니다. 가끔 그런 생각을 합니다. 그때 내가 철학을 접하지 못했다면 어찌 되었을까? 조금 더 일찍 철학을 접하게 되었다면 지금 어떤 모습일까? 그만큼이나 철학은 제 삶을 바꾸어 놓았습니다.

물론 철학이 마냥 좋았던 것만은 아닙니다. 철학은 때로 잔인하게 저를 다그치기도 했습니다. 철학은 '늘 반복되는 문제는 해결책이 없기 때문이 아니라 네게 해결책을 찾을 용기가 없기 때문'이라고 다그쳤습니다. 또 철학은 너무 지쳐 주저앉아 있을 때, 너만 힘든 것이 아니라고 누구에게나 삶은 원래 고된 것이라는 진심어리긴 하지만 잔인한 위로를 해주곤 했습니다. 한동안도 그랬고 지금도 여전히 제게 철학은 스승이고, 친구일 겁니다. 앞으로도 계속 철학과 그렇게 스승처럼, 친구처럼 친하게 지낼 요량입니다.

철학이라는 좋은 스승, 좋은 친구를 만나 어제보다 조금 더 근사한 사람이 되었듯이, 여러분도 철학이라는 좋은 스승, 좋은 친구를 만날 수 있었으면 좋겠습니다. 그런 스승과 친구를 소개해드리고 싶었습니다. 자백하건대, 제 책은 훌륭한 철학책은 분명 아닙니다. 하지만 이 책이 여러분의 삶을 조금이라도 돌아볼 수 있게 해주고, 이 책을 통해 훌륭한 철학자들에게 다가설 수 있는 계기가 되었으면 좋겠다는 바람은 있습니다.

　조금 더 욕심을 내자면, 이 책을 통해 행복한 밥벌이를 위한 철학을 고민할 수 있었다면 더할 나위 없이 행복할 것 같습니다. 더 많은 돈, 명예, 권력이 아니라 누가 뭐라 하더라도 결코 흔들리지 않는 단단한 자신만의 일과 돈에 관한 철학을 가지실 수 있기를 바랍니다. 그렇게 여러분만의 철학, 그러니까 여러분만의 생활철학으로 행복한 밥벌이를 하실 수 있기를 진심으로 바랍니다. 혹여 모자란 부분이 있었다면 이해해주셨으면 좋겠습니다. 긴 이야기 들어 주셔서 머리 숙여 감사드립니다. 다들 행복한 밥벌이 하세요!

· 강신주,《철학이 필요한 시간》, 사계절, 2011.

· 요한 하위징아,《호모 루덴스》, 연암서가, 2010.

· 노명우,《세상물정의 사회학》, 사계절, 2013.

· 이진경,《삶을 위한 철학 수업》, 문학동네, 2013.

· 막스 베버,《프로테스탄티즘 윤리와 자본주의 정신》, 문예출판사, 박성수 옮김 1996.

· 쟝 보드리야르,《소비의 사회》, 문예출판사, 1992.

· 야마다 마시히로, 소데카와 요시유키 공저,《더 많이 소비하면 우리는 행복할까?》, 뜨인돌 2011.

· 바뤼흐 스피노자,《에티카》, 서광사, 강영계 옮김, 2007.

· 가라타니 고진,《트랜스크리틱》, 한길사, 송태욱 옮김, 2005.

고통
말고
보통

초판 1쇄 발행 2016년 11월 10일
2쇄 발행 2016년 12월 8일

지은이 황진규
펴낸이 이광재

책임편집 김미라 **교정** 맹인호
디자인 이창주 **마케팅** 허남

펴낸곳 카멜북스 **출판등록** 제311-2012-000068호
주소 경기도 고양시 덕양구 통일로 140 (동산동, 삼송테크노밸리) B동 442호
전화 02-3144-7113 **팩스** 02-374-8614 **이메일** camelbook@naver.com
홈페이지 www.camelbook.co.kr **페이스북** www.facebook.com/camelbooks

ISBN 978-89-98599-25-6(03100)